ANTON BURGER UND HUGO KAUFFMANN

Von Kronberg an den Chiemsee

Katalog zur Ausstellung
im Museum Kronberger Malerkolonie (20. Oktober 2024 bis 16. März 2025)
und im KronastHaus Prien (11. April bis 29. Juni 2025)

Ingrid Ehrhardt und Ingrid Fricke

ANTON BURGER UND HUGO KAUFFMANN

Von Kronberg an den Chiemsee

MICHAEL IMHOF VERLAG

Impressum

Herausgeber: Stiftung Kronberger Malerkolonie

Konzeption von Ausstellung und Katalog: Dr. Ingrid Ehrhardt und Ingrid Fricke M. A.

Mit freundlicher Unterstützung von:

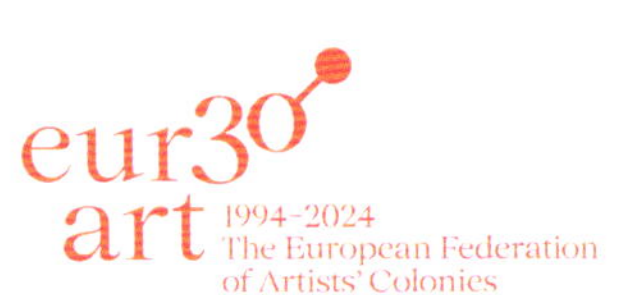

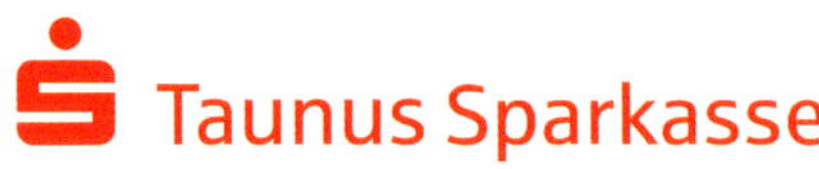

Marguerite von Grunelius Stiftung

LISELOTT UND KLAUS RHEINBERGER STIFTUNG

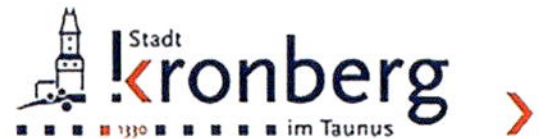

Gottfried und Gisela Klotz Stiftung

Bildnachweis:

Soweit nicht anders angegeben Stiftung Kronberger Malerkolonie und Fotograf Horst Ziegenfusz,

Anita Berger (Prien), S. 12, 14, 51,52, 54–56, 58–61, 64 und 70.

Michael Imhof Verlag GmbH & Co. KG
Stettiner Straße 25 · 36100 Petersberg
Tel. 0661/29 19 166-0 · Fax 0661/29 19 166-9
www.imhof-verlag.de · info@imhof-verlag.de

Reproduktion und Gestaltung: Michael Imhof Verlag
Druck: Gutenberg Beuys Feindruckerei GmbH, Langenhagen

Printed in EU

ISBN 978-3-7319-1449-5

Inhalt

VORWORT
ZWEI JUBILÄEN UND EUROART

Den 200. Geburtstag von Anton Burger sowie den 180. Geburtstag Hugo Kauffmanns in diesem Jahr nehmen das Museum Kronberger Malerkolonie in Kooperation mit der Kunstsammlung Prien zum Anlass eine gemeinsame Ausstellung zu zeigen, welche sich den Werken aus dem bäuerlichen Leben von Anton Burger (1824–1905), und seinem Schüler Hugo Kauffmann (1844–1915) widmet.

Der Titel der Ausstellung bezieht sich dabei auf den Werdegang Hugo Kauffmanns. Nach dem anfänglichen Unterricht durch seinen Vater, Hermann Kauffmann, begann Hugo Kauffmann zunächst – wie Anton Burger – sein Studium am Städelschen Kunstinstitut in Frankfurt bei dem Genre- und Landschaftsmaler Jakob Becker (1810–1872). Nach seinen Anfängen in Frankfurt besuchte Kauffmann von 1863 bis 1871 das Atelier des deutlich älteren Burger in Kronberg. Anschließend zog es Kauffmann weiter nach München, bis er sich 1872 in Prien am Chiemsee niederließ und dort zum Begründer einer Tochterkolonie zu der bereits seit 1828 entstandenen Künstlerkolonie der Fraueninsel im Chiemsee wurde. In dem vor den Toren Frankfurts gelegenen Taunusstädtchen Kronberg entwickelte sich mit der Niederlassung Anton Burgers im Jahr 1858 etwas später ebenfalls eine bedeutende Künstlerkolonie.
Die Gegenüberstellung beider Künstler bietet in der Ausstellung interessante Vergleiche und auffällige Gemeinsamkeiten, aber auch reizvolle Unterschiede in der künstlerischen Auffassung. Beiden Künstlern gemeinsam ist ihre Begeisterung für die Jagd, das bäuerliche Leben sowie für die holländischen Meister des 17. Jahrhunderts. Bei Burger schlugen sich diese Einflüsse in – bei der Frankfurter Bürgerschaft – sehr beliebten Darstellungen schummeriger Bauernstuben, belebten Wirtshäusern und tonigen Werkstätten mit ihren markanten Protagonisten nieder. Hugo Kauffmann wiederum feierte mit seinen Schilderungen des bayerischen bäuerlichen Landlebens zu Lebzeiten ebenfalls große Erfolge.
Spiegeln die detailreichen Jagd- und Genreszenen bei Anton Burger die energische Persönlichkeit des Künstlers wider, schildert Kauffmann den bayerischen Alltag in humorvollen, überwiegend kleinformatigen Porträts der Postillione, der Bauernmädel und trinkfreudigen Wirtshausbesitzer.

Die künstlerischen Verbindungen und Wechselwirkungen im 19. und beginnenden 20. Jahrhundert zu erforschen und aufzuzeigen ist seit 30 Jahren das Anliegen der Vereinigung der europäischen Künstlerkolonien Euroart. Zu den Gründungsmitgliedern zählten im Jahr 1994 die Museumsgesellschaft Kronberg e.V., die Städte Barbizon, Tervuren, Worpswede und Ahrenshoop, der Kulturförderverein Prien und der Markt Prien traten Euroart 2002 bei. Seither zeigen die beteiligten Museen von Balestrand in Norwegen bis Kasimierz-Dolny in Polen, von Domburg in den Niederlanden bis Nidden in Litauen alljährlich zahlreiche Ausstellungen, die dem Phänomen „Künstlerkolonie" und dem damit verbundenen Pleinairismus nachspüren und ein einzigartiges Kulturgut lebendig halten.

Zum Gelingen einer Ausstellung tragen stets Viele bei. Für die wertvollen Leihgaben von Hugo Kauffmann gilt unser herzlicher Dank in Prien der Kunstsammlung des Marktes Prien, namentlich Bürgermeister Andreas Friedrich und Karl Aß sowie Brigitta Abé und ihrem verstorbenen Mann Eberhard, die mit Leidenschaft und Kennerblick jahrzehntelang die Sammlung Abé zusammengetragen haben. In den Dank schließen wir den Kulturförderverein Prien am Chiemsee und Friedrich von Daumiller, der von Anbeginn die Ausstellung gedanklich unterstützt hat, ein.

In Kronberg danken wir ebenso herzlich der Stiftung Kronberger Malerkolonie, namentlich ihrer Vorsitzenden Felicitas Hüsing, dem Stadtarchiv Kronberg, Herrn Andreas Hohm für die wertvollen Hinweise zu Hermann Kauffmann und G. L. Kohlbacher, sowie desweiteren der Neuen Pinakothek in München, dem Städel Museum in Frankfurt und allen privaten Leihgebern für die Ausleihe der Exponate von Anton Burger.

Unser ganz besonderer Dank gilt der Stadt Kronberg im Taunus, der Klaus und Lieselott Rheinberger-Stiftung, der Marguerite von Grunelius Stiftung, der Taunus Sparkasse, der Gottfried und Gisela Klotz-Stiftung, und auch der Vereinigung Euroart, die unsere Ausstellung und den Katalog durch ihre finanzielle Unterstützung erst ermöglicht haben.

Ingrid Ehrhardt und Ingrid Fricke im Oktober 2024

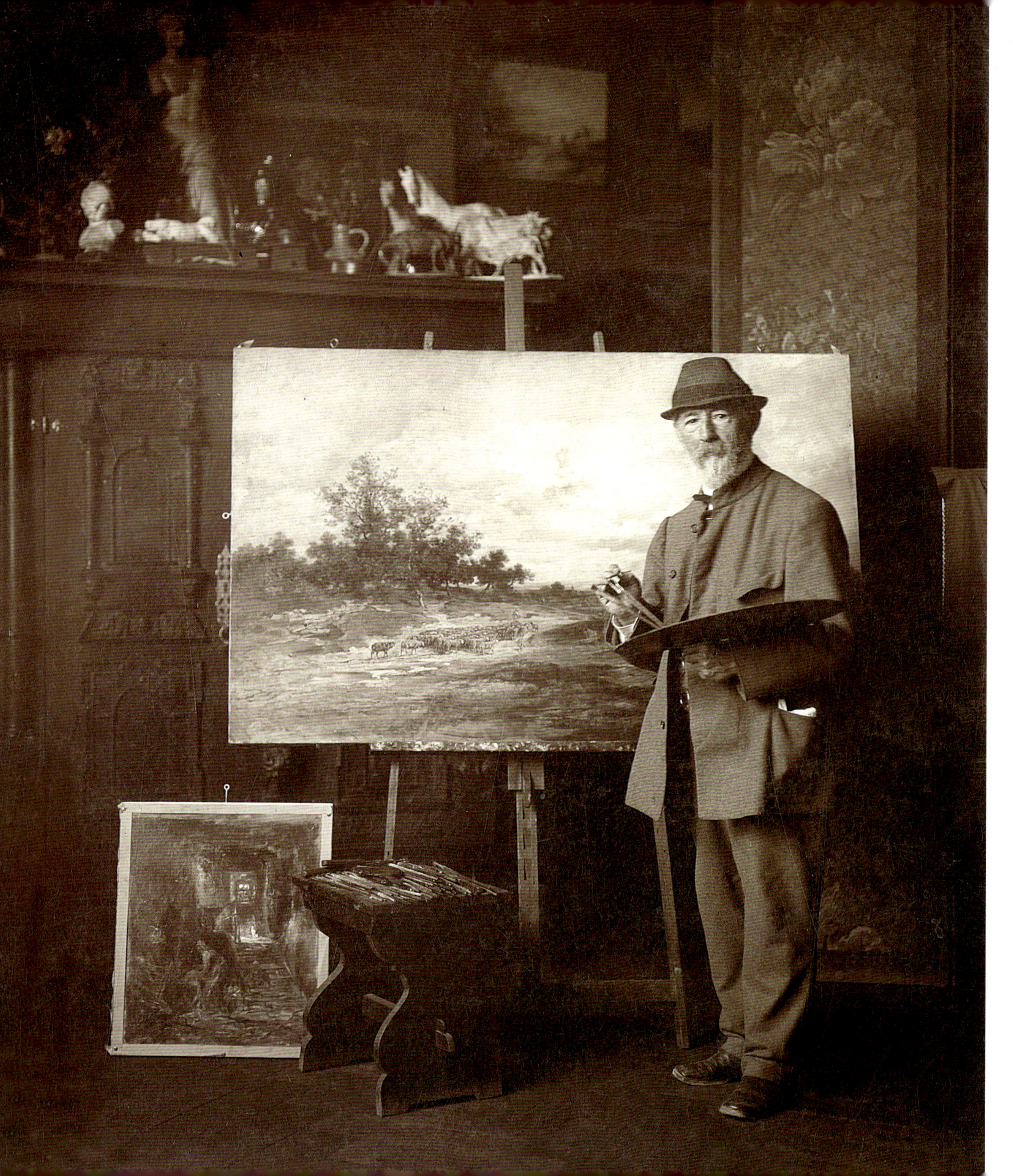

Ingrid Ehrhardt

ANTON BURGER ZUM 200. GEBURTSTAG

„Ich für meine Person erachte jeden Tag als verloren, den ich nicht in Kronberg verbringen kann."[1] Mit diesem Ausspruch gratulierte Anton Burger im Jahr 1888 seinem Künstlerkollegen Norbert Schrödl zu dessen Hauskauf in der Hainstraße in Kronberg. Burger selbst kam erstmals 1846 nach Kronberg, übernachtete zunächst im Gasthof „Adler", bis er sich 1858 entschloss, sich ganz in Kronberg anzusiedeln. 1875 schließlich erwarb er ein repräsentatives Haus in der Frankfurter Straße, in welchem er bis zu seinem Tod 1905 blieb. Die enge Verbundenheit zu seinem Wohnort mag letztlich dafür verantwortlich sein, dass Burger zu Lebzeiten in Frankfurt, Kronberg und Umgebung sehr erfolgreich war, darüber hinaus jedoch – bis heute – nur wenig Beachtung fand, von gelegentlichen Ausstellungsbeteiligungen in München, Berlin und London einmal abgesehen. In den rund 50 Jahren, in denen Anton Burger in Kronberg wirkte, erwarben das Hessische Landesmuseum in Darmstadt, das Städel Museum und das Historische Museum in Frankfurt, die Gemäldegalerie in Mainz, die Kunsthalle Hamburg, die Nationalgalerie Berlin und die Neue Pinakothek München Werke des Künstlers.[2] Diese vergleichsweise überschaubare Reputation ist jedoch keinesfalls auf eine mangelnde künstlerische Qualität seines Schaffens zurückzuführen. Bereits 1895 rühmte stellvertretend Alfred Lichtwark, der namhafte Direktor der Hamburger Kunsthalle, Burgers Kunst: „Seine besten Sachen überragen an malerischen Qualitäten das Meiste, was gleichzeitig in Deutschland geschaffen wurde."[3] Der von 1891–1903 amtierende Städeldirektor Heinrich Weizsäcker ehrte Anton Burger in einem Beitrag in der Kunstzeitschrift „Pan"[4] sowie in der legendären „Ausstellung deutscher Kunst" im Jahr 1906 in der Königlichen Nationalgalerie Berlin, wo zugleich erstmals die Arbeiten Caspar David Friedrichs einer breiten Öffentlichkeit vorgestellt wurden.

Abb. 1 Anton Burger im Atelier, 1870er Jahre, Foto: Stadtarchiv Kronberg

Die weitgehende Unbekanntheit Burgers resultiert vielmehr aus der besonderen Situation der Frankfurter Kunst und Kultur im 19. Jahrhundert. Anders als beispielsweise in München, das in dieser Zeit als eines der wichtigsten Kunst- und Kulturzentren Deutschlands galt, verfügte Frankfurt kaum über gewachsene Strukturen aus Galerien, Museen, Künstlergruppen, Händlern, Kritikern, Sammlern und Forschungseinrichtungen, welche für ein florierendes Kunstzentrum notwendig gewesen wären. Erst Ende des 19. Jahrhunderts und zu Beginn des 20. Jahrhunderts sollte sich die Situation durch die wachsende Anziehungskraft der Städelschule bzw. des Städelschen Kunstinstituts (gegründet 1816) mit seinem Umzug ans Mainufer 1878, durch Neugründungen von Künstlervereinigungen, wie dem Frankfurt-Cronberger-Künstlerbund im Jahr 1902, sowie von Galerien (wie der Städtischen Galerie im Jahr 1907) und den damit verbundenen erweiterten Ausstellungsmöglichkeiten verbessern. Bis dahin möchte man den Worten des Philosophen und Wahlfrankfurters Arthur Schopenhauer (1788–1860) folgen, der 1838 in einem Brief an seine Schwester schrieb: „Für die Frankfurter ist Frankfurt die Welt.“[5] Dies zeigte sich auch an einem regen Interesse privater Frankfurter Kunstsammler, wie beispielsweise Binding, Metzler, Meister usw., die Burgers handliche Gemälde direkt aus seinem Atelier heraus kauften oder wie Juliane Harms beschrieb: „Es gab Familien, die ganze Reihen seiner schönsten Werke besaßen, die sich wie selbstverständlich den bürgerlichen Wohnräumen einfügten und von allen Familienmitgliedern geliebt wurden. Es gab Kunsthandlungen, die stets eine Anzahl seiner Bilder zeigen konnten und immer Abnehmer dafür fanden. Burger selbst, keineswegs geschäftsgewandt oder auf Erwerb aus, sah seine Arbeiten das Atelier verlassen, sobald sie trocken waren. Oft waren sie bereits verkauft, wenn er nur das Motiv angedeutet hatte, das er zu gestalten dachte.“[6] Burgers Landschaften und Genrebilder sowie seine niederländisch anmutenden Interieurs trafen den bürgerlichen Zeitgeschmack, verleiteten ihn zu mehrfachen Wiederholungen einzelner Motive auf Wunsch seiner Auftraggeber, und entsprachen einer „Kunst für Jedermann“ mit Gemüt und Gefühl.[7]

Nach dem 70. Geburtstag des Künstlers mehrte sich die breitere Anerkennung von Burgers Schaffen. 1894 organisierte Franz von Lenbach eine vielbeachtete Ausstellung anlässlich des 70. Geburtstags Burgers in München, die in der Münchener Allgemeinen Zeitung ausführlich von Friedrich Pecht besprochen wurde.[8] Noch im selben Jahr wurde er von der Bayerischen Akademie der Künste zum Ehrenmitglied ernannt.[9] 1898 schrieb die Frankfurter Schriftstellerin und Malerin Anna Spier die erste monographische Würdigung nach einem Interview mit dem Künstler.[10] Weitere in den Standardwerken über die Frankfurter Kunst des 19. Jahrhunderts wie bei Johann Heinrich Hoff sowie Weizsäcker und Dessoff folgten.[11] Bei seinem Tod im Juni 1905 verfügte Burger kaum noch über eigene Werke, eigene Aufzeichnungen des Künstlers beschränken sich auf wenige Briefe an Freunde und seine Tochter Louise, welche heute im Stadtarchiv Kronberg aufbewahrt werden. Sie erlauben jedoch kaum Rückschlüsse auf Burgers künstlerisches Verständnis.

Im 20. Jahrhundert gewann Burgers Schaffen erst in den 1970er Jahren im Zuge eines wachsenden Interesses der Kunsthistorischen Forschung für das Phänomen europäischer Künstlerkolonien, wie auch der Kronberger Malerkolonie, eine zunehmende Beachtung. Diese schlug sich in zahlreichen Ausstellungen, wie 1988 von der Museumsgesellschaft Kronberg e.V., im Jahr 2004 im Museum Giersch in Frankfurt anlässlich des 180. Geburtstags von Anton Burger, in der Dissertation mit Werkverzeichnis von Anja Frommator 2013 oder den Ausstellungsbeteiligungen in „Mythos Heimat“ im Hannoverschen Landesmuseum 2016, in der Lilienthaler Kunststiftung bei Worpswede 2020 sowie in der Gemäldegalerie Dachau 2021 nieder.

FRANKFURT UND MÜNCHEN

Anton Burger wurde am 14. November 1824 als Sohn des Weißbindermeisters Peter Anton Burger (1792–1860) in Frankfurt geboren. Er begann seine künstlerische Ausbildung im Alter von 13 Jahren in seiner Geburtsstadt Frankfurt am Städelschen Kunstinstitut u.a. bei dem Nazarener Philipp Veit (1793–1877) und dem aus Düsseldorf stammenden Landschafts- und Genremaler Jakob Becker (1810–1872). Dort lernte er auch Jakob Fürchtegott Dielmann und Philipp Rumpf kennen. Auf Empfehlung von Veit wechselte er 1846 nach München, wo er sich einer Gruppe junger Kollegen anschloss, die ebenfalls aus Frankfurt oder Darmstadt stammten. Inge Eichler beschreibt diese frühe Zeit wie folgt: „Die jungen Leute wohnten gemeinsam in der neu entstandenen Ludwigstraße und bestritten ihren Lebensunterhalt aus einer gemeinsamen Kasse. Burger akklimatisierte sich rasch in der Residenzstadt des kunstsinnigen Ludwig I. Er trug bayerische Tracht und veranstaltete mit seinen Malerfreunden des öfteren eine zünftige „Gaudi".[12]

In der Alten Pinakothek studierte er intensiv die Werke der niederländischen Meister des 17. Jahrhunderts, vor allem Brouwer, Ostade, Teniers und Ruisdael, welche er bereits im Städelschen Kunstinstitut in Frankfurt kennen- und schätzen gelernt hatte. In München unterhielt Burger Kontakt zu dem durch seine Fresken in der Münchner Residenz bekannten Moritz von Schwind (1804–1871), den er bereits vom Städel her kannte, sowie zu dem berühmten Porträtisten und Malerfürsten Franz von Lenbach (1836–1904). Burger stellte einige Male in dem von Peter Hess gegründeten Kunstverein aus. Dieser erkannte das Talent des jungen Burgers und setzte sich für die Ankäufe seiner Bilder ein.[13]

Im Sommer zog es Burger ins bayerische Gebirge, an den Königssee und ins Salzkammergut. Vielleicht kam er auf seinen Ausflügen auch mit der 1837 von Max Haushofer gegründeten Künstlerkolonie Frauenchiemsee in Berührung, wenngleich ein Beweis hierfür noch aussteht. Dennoch könnte ihm diese neue Form einer zwanglosen Künstlervereinigung als Vorbild gedient haben, bis er sich letztlich 1858 in Kronberg niederließ.

Burgers erster Münchenaufenthalt endete aufgrund der politischen Ereignisse im Frühjahr 1848 und er kehrte nach Frankfurt zurück und beteiligte sich an den Barrikadenkämpfen der Deutschen Revolution.[14] Von Frankfurt aus unternahm er Ausflüge in den Taunus und verdiente zunächst mit Karikaturen und Illustrationen sowie mit erstem Malunterricht seinen Unterhalt. 1850 heiratete er die Frankfurter Tapeziertochter Catharina Elise Heislitz (1828–1856), die er schon aus seiner Jugendzeit kannte und deren gemeinsame Tochter Anna am 24. März 1851 geboren wurde. In den 1850er Jahren begannen auch seine lebenslangen Freundschaften zu dem Inspektor des Frankfurter Kunstvereins, Georg Ludwig Kohlbacher (1826–1894) und dem Arzt Ernst Roberth (1821–1889), dessen Tochter Minna Roberth (1851–1920) neben zahlreichen angehenden Künstlerinnen späterhin zu Burgers Malschülerinnen zählte.

Auch von Kronberg aus hielt Burger weiterhin Kontakt in die bayerische Metropole und feierte dort zahlreiche Erfolge: 1869 nahm er an der Internationalen Kunstausstellung teil und erhielt für sein Gemälde „Adlerwirt Renker" von 1861 die Goldmedaille (Kat. 1). Das Bild wurde wenig später von der Neuen Pinakothek angekauft. Es zeigt den Wirt des legendären Gasthauses „Adler", Johann Heinrich Renker (1801–1861), im Gespräch mit einem Gast in der in tonigen Erdfarben gehaltenen Wirtsstube.

GASTHOF „ADLER“

Dem Gasthof „Adler“ (Abb. 2) kam seit den Anfängen der Künstlerkolonie Kronberg in den 1850er Jahren eine besondere Rolle zu. Er bot den Künstlern, die aus Frankfurt nach Kronberg kamen, nicht nur Unterkunft und Verpflegung, er diente auch als Künstlertreffpunkt und war Stammlokal der Schützen. Beim Adlerwirt Renker kehrten sie ein, tauschten sich über künstlerische Fragen aus und feierten ausgelassene Künstler- und Theaterfeste. Gemeinsam dekorierten sie die Räume und in freundschaftlicher Atmosphäre entstanden viele kleine Wandbilder (Abb. 3). Diese waren sicherlich auch die Gegenleistung für Kost und Logis. Denn wie viele seiner Künstlerfreunde hatte auch Anton Burger hier vorübergehend sein Atelier.

Abb. 2 Gasthof „Adler“ in Kronberg um 1950, Foto: Privat

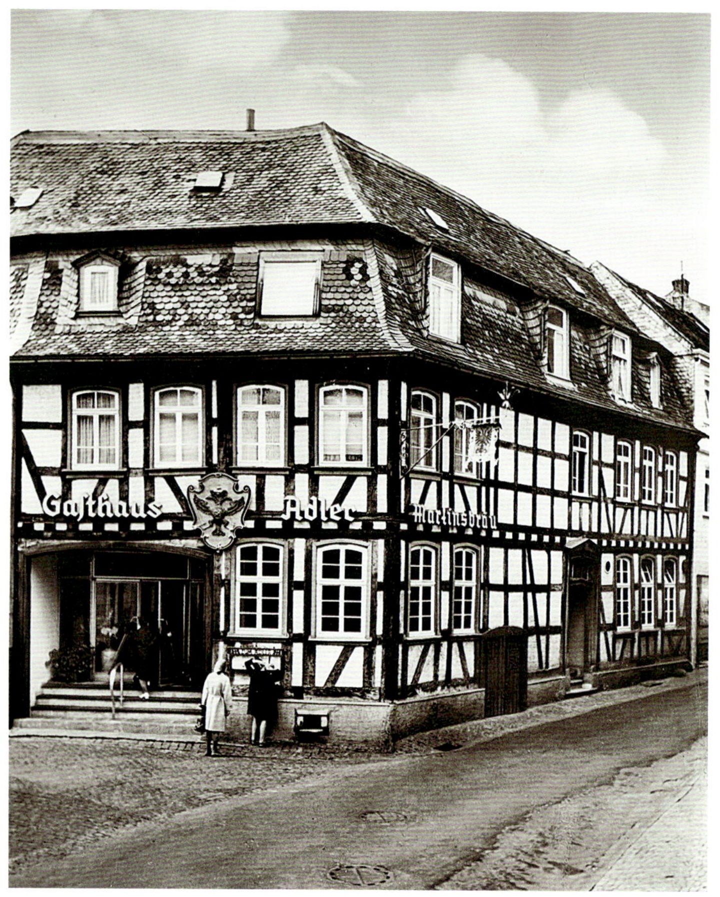

Noch heute legen diese Gasthausbilder mit ihren illusionistisch gemalten Rahmen Zeugnis von der Freude am Malen ab.[15] Das hier gezeigte Motiv der „Trunkenen Musiker“ (Kat. 2) lässt sich Anton Burger zuschreiben.[16] Burger hielt den Gasthof noch in einem zweiten undatierten Gemälde „Die Stube im Wirtshaus „Zum Adler“ in Kronberg“ fest (Abb. 4). Hier zeigt er einen Gast in der schummerigen Wirtsstube links sitzend, ein Glas Apfelwein und einen Bembel vor sich auf dem Tisch. Das Gemälde ist wie das Münchner Bild in warmen Erdtönen gehalten und zeigt abermals die Nähe Burgers zur niederländischen Malerei des 17. Jahrhundert.

Dreißig Jahre später malt Burger seinen Künstlerfreund Jakob Fürchtegott Dielmann in dessen Atelier im „Adler“ am Fenster beim Zeichnen (Kat. 28) in ähnlicher Manier.

IM ATELIER IN KRONBERG

Als Burger sich 1858 in Kronberg niederließ, gehörte das Taunus-Städtchen noch zum Herzogtum Nassau und war mit seinen zahlreichen Bauernhöfen und Handwerksbetrieben stark ländlich geprägt (Abb. 5). Doch auch die ersten – zumeist aus Frankfurt stammenden – Künstler prägten das Stadtbild und eine Künstlerkolonie nach dem französischen Vorbild der Schule von Barbizon entstand. Der offiziellen akademischen Malerei überdrüssig, zog es sie nach Kronberg, um in einer idyllischen Umgebung sowie in der freien

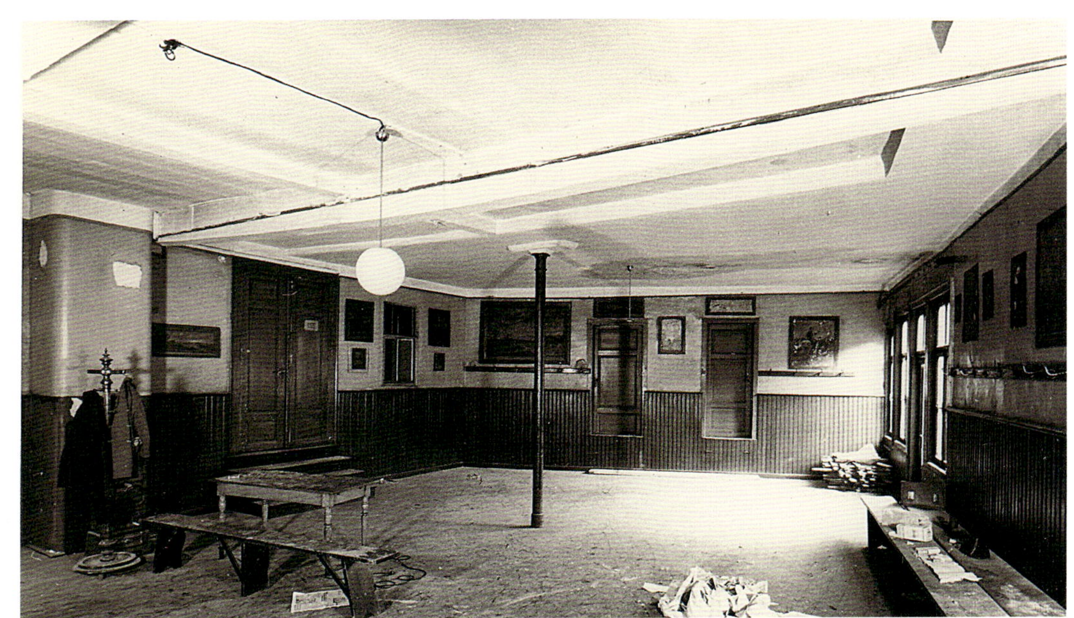

Abb. 3 Wandgemälde im Kronbergsaal im Gasthof „Adler", um 1960, kurz vor der Renovierung, Foto: Stadtarchiv Kronberg

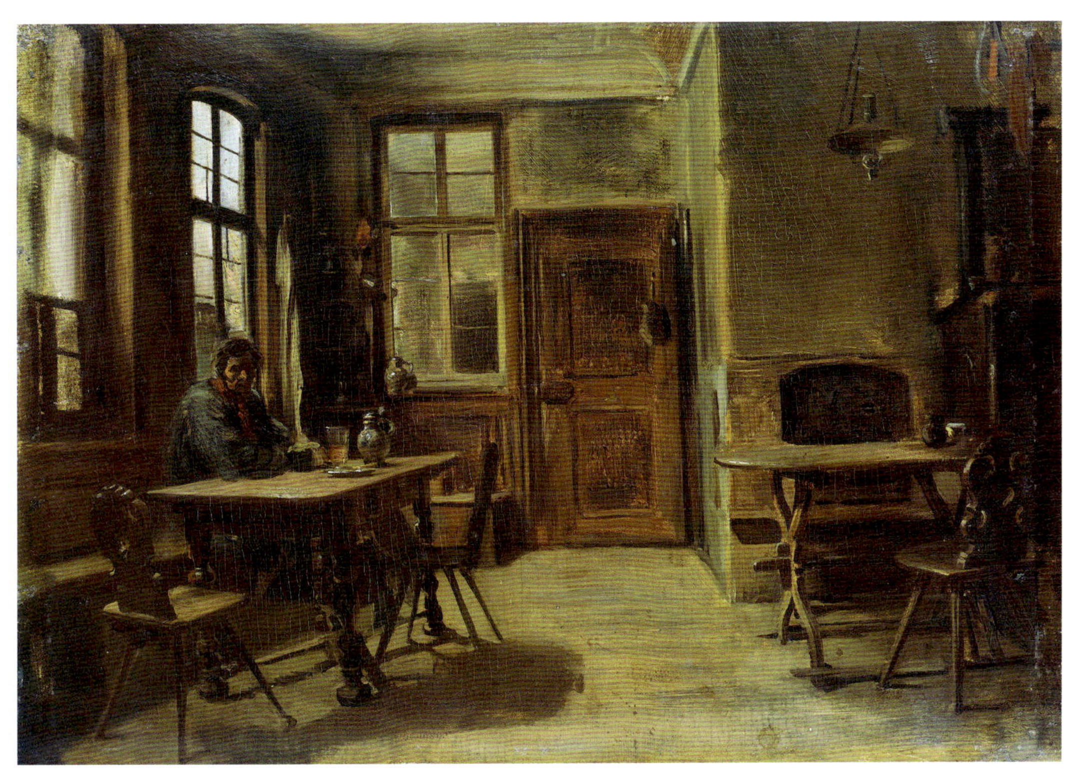

Abb. 4 Anton Burger, Die Stube im Wirtshaus „Adler", Öl auf Leinwand, Hamburger Kunsthalle

Natur zu malen. Burger und sein Künstlerfreund Jakob Fürchtegott Dielmann zählten zu den ersten, die sich in Kronberg fest ansiedelten. Sie zogen zahlreiche Künstler aus Frankfurt, aber auch aus Düsseldorf, Hamburg, Karlsruhe und München nach sich, die bis in die Mitte des 20. Jahrhunderts hinein die Taunusmotive für sich entdeckten.

Von Anbeginn nahm Burger regelmäßig private Malschüler und -schülerinnen in sein Atelier auf. „Mit seinen hübschen, blitzenden Augen schritt Burger stolz durch die Gäßchen des Ortes. Wir Jünger und Schüler nannten ihn dann heimlich den „König von Cronberg". Oft hatte er auch ein ganzes Gefolge von Damen um sich, die sich seine Schülerinnen nannten und bei ihm malten und zeichneten."[17]

Mit diesen Worten beschrieb der Künstler und Burgerschüler Philipp Franck (1860–1944) rückblickend die Situation bei seinem Lehrer, den er anfänglich sehr bewunderte. Vielen

Abb. 5 Ansicht von Kronberg im Taunus um 1868/69, Foto: Privat

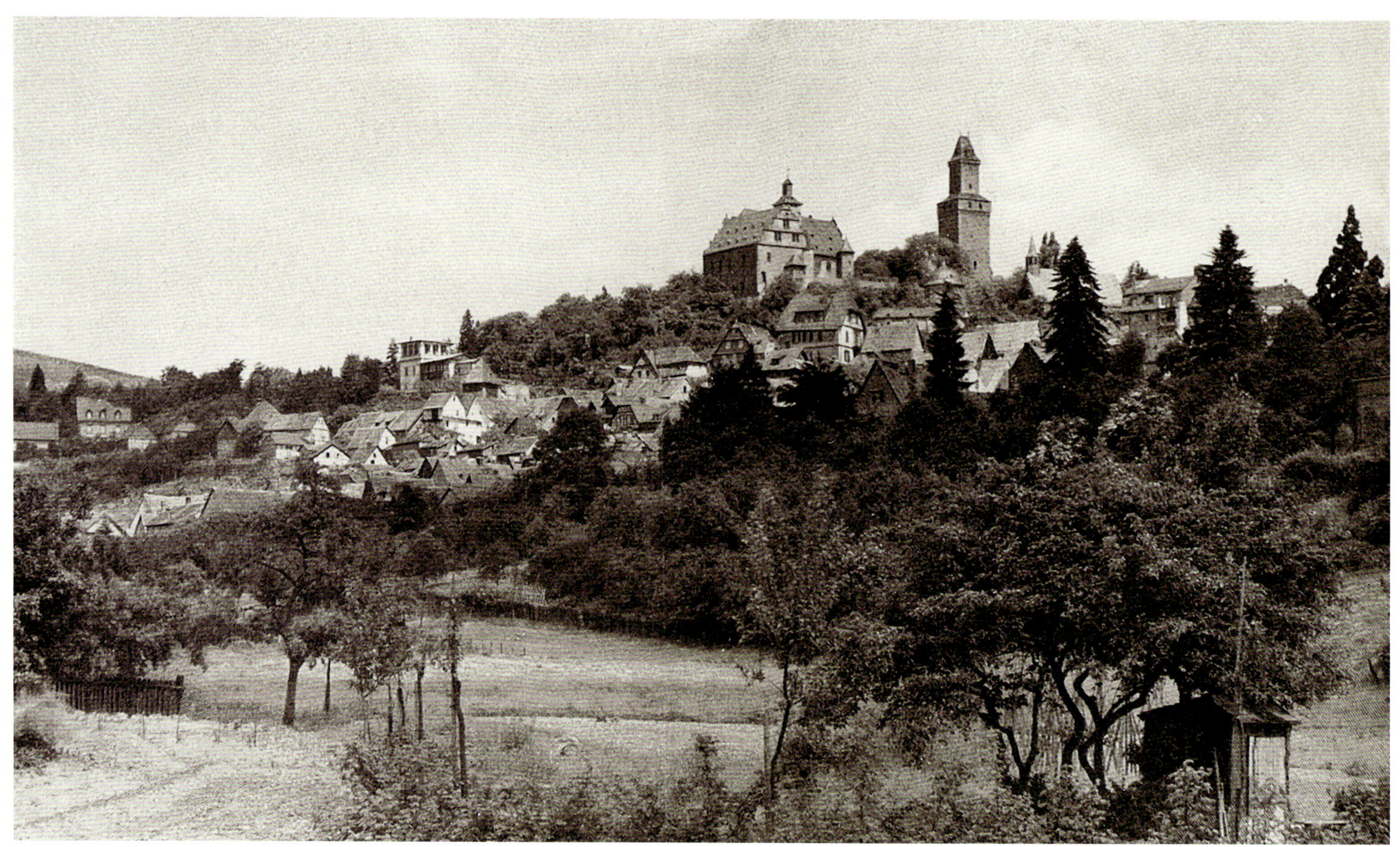

seiner Schüler gelang es nicht, sich von dem Einfluss Burgers zu lösen, wie beispielsweise Lorenz Maas (1845–1882), Adolf Chelius (1856–1923) oder Bertha Bagge (1859–1939). Zu den ersten bedeutenden Künstlern, die Burgers Atelier (Abb. 6) besuchten und schließlich einen eigenen Stil entwickelten, zählten Hugo Kauffmann (1844–1915) sowie späterhin der Amerikaner Nelson Gray Kinsley (1863–1945), Philipp Franck und Fritz Wucherer (1873–1948).

Kauffmann kam im Winter 1863 auf Empfehlung seines Vaters Hermann Kauffmann nach Kronberg, wo er bis 1871, unterbrochen von einigen Reisen, blieb. „Mag man sagen, was man will, froh bin ich, daß er auf meinen Rat vor 1 ½ Jahren von Frankfurt nach Cronberg übersiedelte und dem Gestank akademischer Modelle entfloh.“[18] Mit Burger teilte Kauffmann die Jagdleidenschaft und die Vorliebe für eine Genremalerei, die in der Tradition der niederländischen Malerei fußte. Von Franck, der von 1879 bis 1880 bei Burger lernte, bevor er dann zu Max Liebermann nach Potsdam an den Wannsee wechselte, ist der autoritäre Lehrstil Burgers überliefert. „Ob er wollte oder nicht, Burger sah sein Ideal doch unbedingt in seiner eignen Kunst und zerdrückte jede Kunst, die anders war. Wenn ich meine Bilder und Studien zu ihm brachte, wurden sie durch seine Korrektur verburgert. Er malte wohl auch hinein und darüber…“.[19] Die zahlreichen Studienreisen, die Kauffmann während seines achtjährigen Kronbergaufenthaltes, u.a. nach Düsseldorf und Paris, unternahm, mögen ebenfalls darauf hinweisen, dass ihm die Situation in Kronberg insgesamt als zu beengend erschien.[20] Einer ausführlicheren Betrachtung Hugo Kauffmanns widmet sich Ingrid Fricke in ihrem Beitrag im zweiten Teil des Katalogs (S. 50 ff.).

GENREMALEREI

Aus den Vorbildern der Alten Meister und dem intensiven Studium der Natur hatte Burger bereits früh zu seinem persönlichen Stil, einer auf die Stimmungswerte des Motivs bezogenen Malerei, gefunden, wie sie sich beispielsweise in dem kontemplativen Gemälde „Häusliche Andacht“ (Kat. 10) zeigt. Das Gemälde entstand vermutlich kurz nach dem frühen Tod seiner Frau Catharina Elise Heislitz im April 1856. In dem Frühjahr zog es Anton Burger gemeinsam mit Jakob Mauer zunächst nach Düsseldorf, wo er Mitglied des legendären Künstlerbundes „Malkasten“ wurde, und danach weiter nach Antwerpen und Amsterdam, wo er die niederländische Malerei des 17. Jahrhunderts studierte.

Das Bild zeigt eine alte Frau rechts in einem dunklen Innenraum am Tisch sitzend. Sie liest versunken in einem Buch. Warmes Licht fällt durch die teils von Gardinen bedeckten Fenster und unterstreicht die ruhige und andächtige Stimmung. Die laute Außenwelt bleibt weitgehend draußen. Vermutlich handelt es sich bei diesem Interieur um ein Zimmer im „Roten Hof“ in der Höllgasse in Kronberg.

In den 1860er Jahren entstanden eine Reihe Bilder zu dem Thema einer kranken Ziege. Neben der hier gezeigten undatierten Version (Kat. 13) gibt es noch ein weiteres Gemälde aus dem Jahr 1861. Ferner hat Burger das Thema in mehreren Sepia- und Aquarellzeichnungen vorbereitet. Im Zentrum des Bildes steht in einem summarisch angedeuteten Stall eine Bauersfrau mit ihrem kleinen Sohn. Beide lauschen aufmerksam den Ausführungen des links neben ihnen stehenden Schäfers. Rechts am Boden liegt die titelstiftende kranke Ziege, die offensichtlich nichts fressen möchte. Mit seinem großen Hut, dem zotteligen Haar und der dozierenden Geste wirkt der Schäfer beinahe wie eine Parodie seiner Zunft und erinnert an Burgers frühe Karikaturen. Der skeptische Blick der Bäuerin verrät, dass von diesem hageren Schäfer kaum Hilfe zu erwarten ist. Die detaillierte Darstellung und der humorvoll-anekdotische Charakter der Komposition bilden in Burgers Werk jedoch eher die Ausnahme. In den folgenden Gemälden wie der „Schirn" oder dem „Frankfurter Viehmarkt" liegt die Betonung der Szenerie stärker auf dem Stimmungsgehalt denn auf einer Geschichte aus dem ländlichen Alltag.

Burgers Verbundenheit mit der niederländischen Malerei wiederum verdeutlicht das in Brauntönen gehaltene Bild „Der Frankfurter Viehmarkt mit der Herberge „Zur Goldenen Luft" (Kat. 11) von 1863. Burger malte es in fünf verschiedenen Variationen. Im Zentrum des Gemäldes steht der Viehmarkt mit seinen gestikulierenden Bauern und Viehhändlern und den Kühen und Schafen, die im Hof des Gasthauses „Zur Goldenen Luft" zum Kauf angepriesen wurden. Bereits 1784 wurde der Viehmarkt aus der Stadt hinter die Ostmauer der Judengasse in den Hof der „Goldenen Luft" verlegt. Der Blick führt weiter auf die Hinteransicht der Häuser der Judengasse. Dicht aneinandergebaut ragen die Rückfronten der Häuser über die alte staufische Stadtmauer Frankfurts hinaus, die einstmals die Häuser der Judengasse umschloss.

Auch die Frankfurter Markt-Schirnen[21] hielt Burger gleich mehrfach im Bild fest. In der Sammlung der Stiftung Kronberger Malerkolonie befindet sich eine kleine Version, die einen vor dem Verkaufsstand, geschützt unter dem von Pfeilern gestützten Vordach des Roten Hauses sitzenden Metzger zeigt (Kat. 12).

Burgers Protagonisten der mehrfigurigen Bilder der 1870er Jahre sind häufig eingebettet in sorgfältig beobachtete Milieustudien, die jedoch selten Rückschlüsse auf die psychische Befindlichkeit der einzelnen Dargestellten erlauben. Hinzu kommt Burgers besonderes Interesse an einer natürlichen Lichtführung, die den malerischen Stimmungsgehalt seiner Bilder unterstreicht und den Mensch stets im Einklang mit der ihn umgebenden Natur darstellt, wie beispielsweise das Gemälde „Galante Gesellschaft beim Picknick vor Kronberg" (Kat. 21) zeigt.

Das Bild „Kronberger Kerb" (Kat. 22) von 1875 zeigt eine muntere Kerbegesellschaft bei der hiesigen Kirchweih. Von diesem Motiv sind zwei fast identische Versionen bekannt. Die Menschen feiern gemeinsam im Freien, unter einem schützenden grünen Laubdach. Im Hintergrund ist ein Nebengebäude des Gasthauses „Germania" angedeutet. Manche sitzen an langen Tischen und unterhalten sich angeregt, vorzugsweise beim Apfelwein. Kinder spielen auf der Wiese, einzelne Paare tanzen fröhlich und so manches Paar knüpft die ersten zärtlichen Bande. Möglicherweise hat sich Burger selbst in einer bürgerlich idealisierten Gestalt mit seiner Frau und Tochter Louise im Zentrum dargestellt[22]. Sie stehen mit dem Rücken zum Betrachter und schauen den tanzenden Paaren zu. Mit lockerem Pinselstrich bindet Burger das fröhliche Treiben zu einem ausgelassenen Stimmungsbild zusammen. Dabei lassen sich die einzelnen Gruppen und Personen durchaus erkennen, doch steht für Burger die Gesamtwirkung im Vordergrund: Die gemeinsame Begegnung und das Miteinander der Menschen, eingebunden in die Natur.

Durchziehen parallel sowohl die Genre- als auch die Landschaftsmalerei Burgers gesamtes Oeuvre, so lässt sich in den 1880er Jahren eine stärkere Hinwendung des Künstlers zur atmosphärischen Landschaftsdarstellung beobachten. In dem großformatigen Gemälde „Nach dem Gottesdienst" von 1886 (Kat. 32) hält Burger eine Gruppe im Sonntagsstaat

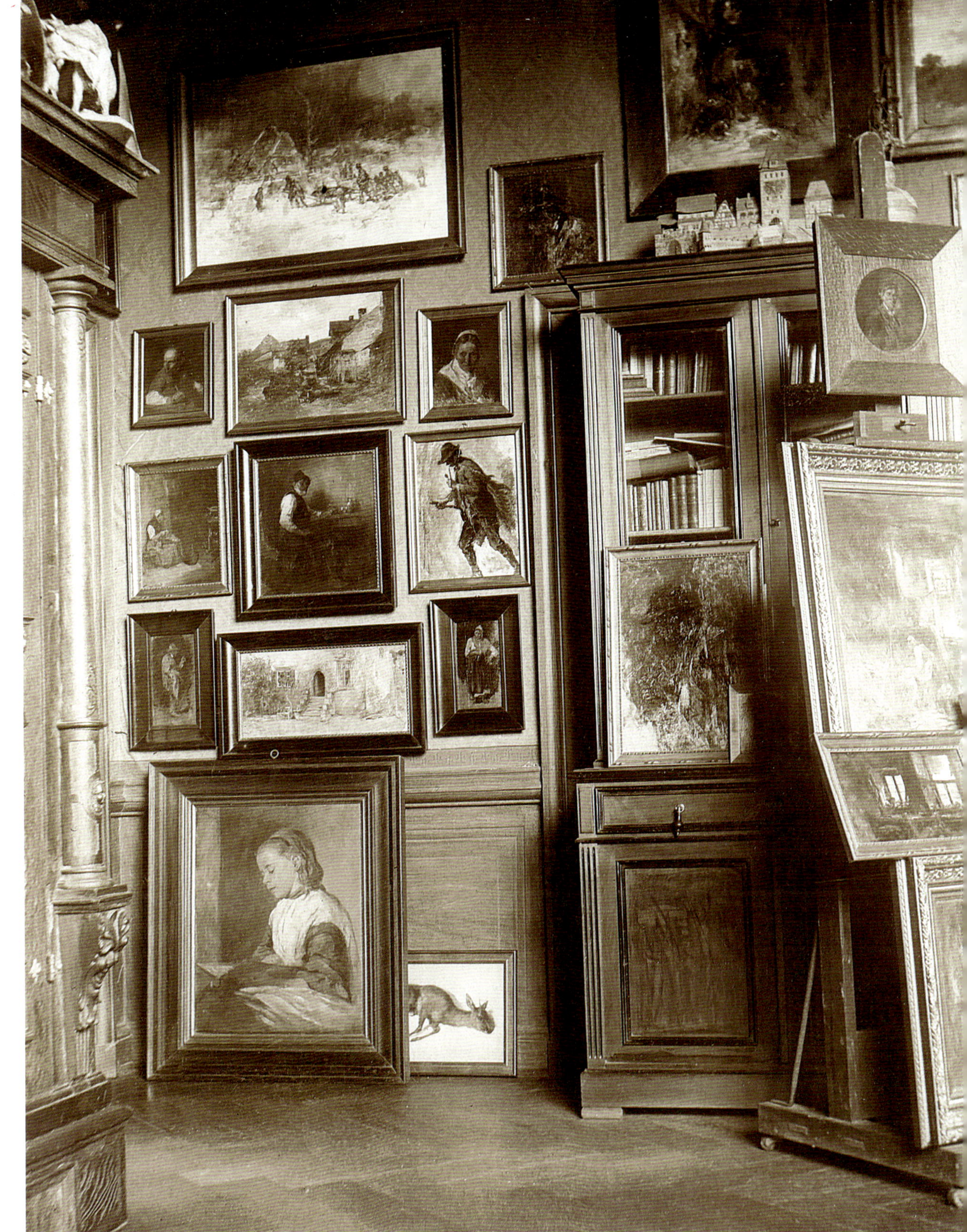

Abb. 6 Blick in Burgers Atelier, Foto: Stadtarchiv Kronberg

gekleideter Menschen fest, die gerade eine auf einer Anhöhe gelegene Kirche verlassen. Zu der erzählerischen Schilderung gesellt sich hier der atmosphärische Aspekt der jahreszeitlichen Stimmung des Winters. Auch dieses Motiv des Kirchgangs findet sich bei Burger in mehreren Versionen, wobei er die Figurenstaffage und die lokale Situation stets variierte.[23]

JAGDSZENEN

In die Entstehungszeit der Kronberger Künstlerkolonie fiel im März 1852 eine Ausstellung, die erstmals Bilder des französischen Realisten Gustave Courbet (1819–1877) im Frankfurter Kunstverein zeigte und großes Aufsehen erregte. Möglicherweise weckten auch die zahlreichen Jagddarstellungen Gustave Courbets, der sich 1858/59 in Frankfurt aufhielt, und in den Revieren in Wiesbaden und Bad Homburg zur Jagd ging, Burgers Interesse für diese Jagdmotive. Eine anschließende Reise Burgers zusammen mit seinen Künstlerkollegen Philipp Rumpf (1821–1896) und Angilbert Göbel (1821–1882) nach Paris und die Begegnung mit Camille Corot (1796–1875) und der Schule von Barbizon wurden zu einem nachhaltigen Erlebnis für ihn, das sich besonders in seinen späteren Jagd- und ländlichen Genreszenen (Kat. 16–18) niederschlugen.

Burgers erste Jagdszenen setzen Anfang der 1860er Jahre ein. Möglicherweise angeregt durch seinen Freund, den Apotheker Dr. Julius Neubronner, der wie Burger auch Mitglied der Kronberger Schützengesellschaft war, nahm Burger an Hühner- und großen Treibjagden in der Umgebung von Kronberg teil. Neubronner hatte die Kronberger und Falkensteiner Waldjagd gepachtet und lud Burger häufig zur Jagd oder zum Angeln ein. Burger war aber auch als Gast auf der Mainkur, in Bischofsheim oder Budenheim bei Mainz.[24] „Burger war eine leidenschaftliche, vollsaftige Natur … aus dem Herzen von Frankfurt, war er trotz seiner kleinen Figur ein Athlet, der mit den Cronberger Bauern Ringkämpfe ausfocht, und ein leidenschaftlicher Jäger, dem die Jagd viele seiner schönsten Motive gab."[25]

Die ursprünglich eher gering geschätzten Tierstücke und Stillleben gewannen zunehmend an Beliebtheit beim aufkommenden Bürgertum, dessen Nachfrage nach Jagdszenen als Attribute der Aristokratie anstieg. Doch anders als die zahlreichen Darstellungen weidmännischer Motive Gustave Courbets[26] setzte Burger selten das gejagte oder erlegte Tier in den Mittelpunkt: Er widmete sich vielmehr den Jagdgesellschaften und den Menschen in der Natur und so entstanden zahlreiche Bilder eines gerade von der Jagd mit seinem Hund zurückkehrenden Jägers (Kat. 16) oder der Blick in eine Bauernscheune, wo die heimische Familie die erlegte Jagdbeute bestaunt (Kat. 15). Bei seinen Modellen bediente sich Burger mitunter auch der Fotografie (Abb. 7), bei den Tieren konnte Burger auf seine eigenen Jagdhunde zurückgreifen; von Tell, Tyras und Hektor wird berichtet, wobei letzterer sogar zu einer Prämierung nach München geschickt werden sollte.[27]

Um die steigende Nachfrage zu befriedigen, fertigte Burger mitunter auch mehrere Versionen eines Motivs an, wie Franck in seinen Memoiren schilderte: „Wenn Burger, der die Jagd nach dem Altkönig gepachtet hatte, mit seinen Jagdfreunden zusammen war, rief er plötzlich: „Seht hier den Hühnerkopf in der Abendsonne, wer bietet?" – „Acht Gulden," sagte einer. „Ich mal' noch ein Reh hinein als Staffage", rief Burger. „Neun Gulden", sagte ein andrer, … und so kam's, daß Burger auf der Jagd eine Anzahl Bilder versteigert hatte, die er dann abends bei der Lampe, die lange Pfeife im Munde, ausführte."[28]

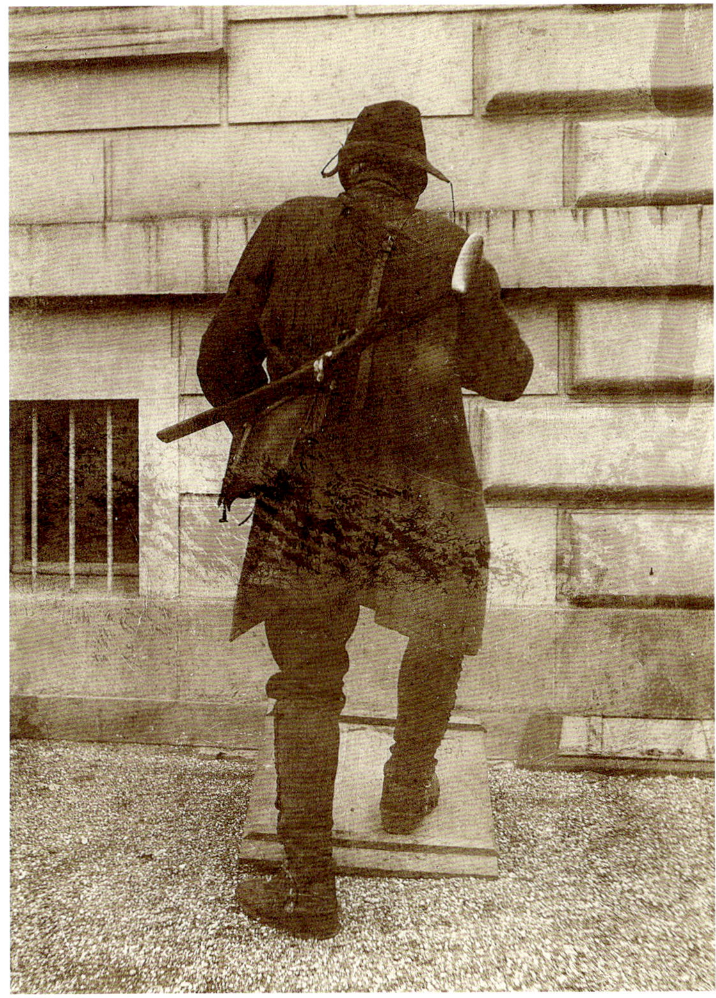

Abb. 7 Ein als Jäger posierendes Modell, Nachlass Anton Burger, Foto: Stadtarchiv Kronberg

Darüber hinaus fügte Burger seinen Jäger mit Jagdhund auch in weiteren Kompositionen ein, die nicht unbedingt als Jagddarstellungen anzusprechen sind, wie beispielsweise in der „Schlittenpartie" von 1879 (Kat. 30), einem Motiv, das ebenso bei Hugo Kauffmann zu finden ist.

PORTRÄTS

Anton Burger schätzte neben der Genremalerei vor allem die Stadtansichten des alten Frankfurts, die pittoresken Gassen Kronbergs und die sie umgebende Landschaft. Oft kombinierte er seine Genreszenen mit Bildnissen. Reine Porträts hingegen nehmen in Burgers Schaffen nur eine marginale Rolle ein. Von ihm selbst sind lediglich zwei Selbstbildnisse aus den 1870er Jahren bekannt (Kat. 23). Die beiden Porträts stammten aus dem Nachlass des Künstlers und waren zu Lebzeiten nie ausgestellt. Bei beiden handelt es sich um Brustbilder, bei denen er sich ganz auf die Physiognomie des Gesichtes konzentriert. Auf Künstlerattribute, die ein repräsentatives Selbstporträt kennzeichnen würden, wurde in beiden Fällen verzichtet.

Der Kronberger Schreinermeister und Scheibenanzeiger der Kronberger Schützengesellschaft Philipp Reeb (1822–1912) war fast 50 Jahre lang Gehilfe in Burgers Atelier und ist mit sieben Bildnissen der am häufigsten von ihm porträtierte Mann.[29] Das hier gezeigte Porträt im Profil nach links (Kat. 8) ist die kleinste Version, die vermutlich 1912 in Frankfurt auf der „Ausstellung von Porträts aus der Zeit von 1800 bis heute" präsentiert wurde. Bei drei weiteren Bildnissen aus den 1880er Jahren handelt es sich um Brustbilder, die Reeb mit einem markanten breitkrempigen Hut zeigen.

Wenige Porträts widmete er seinen engsten Familienmitgliedern und seinen Künstlerfreunden, wie das Brustbild seiner 1851 in erster Ehe geborenen Tochter Anna Burger (1851–1935) (Kat. 23), das gegen Ende der 1860er Jahre entstanden ist. Burger konzentriert sich hier ebenfalls auf das Gesicht seiner Tochter, die frontal aus dem Bild blickt. Mit dem liebevollen Blick des Vaters erfasst Burger das kindliche Antlitz seiner Tochter. Der in alltäglicher Kinderkleidung gezeigte Körper sowie die Arme wirken eher summarisch erfasst. Eine helle Farbigkeit bestimmt das Motiv und unterstreicht den innigen Stimmungswert des Kinderporträts.

Seine Tochter Louise (1862–1947) porträtiert Anton Burger in dem Gemälde „Die kleine Beterin" (Kat. 24). Sie entstammte Burgers zweiter Ehe mit Anna Johanna Auguste Küster (1832–1876) und dürfte in der zweiten Hälfte der 1870er porträtiert worden sein (Abb. 8). Burger zeigt sie ebenfalls frontal in zeitgenössischer Kleidung mit einem weißen Tuch über dem gesenkten Kopf. Das weiße Tuch und die übereinander gelegten Hände lassen das Bildnis gleichzeitig als eine Genreszene aus der Volksfrömmigkeit erscheinen.

Kurz vor Weihnachten 1876 verstarb auch Burgers zweite Frau Anna. Im Jahr darauf bezog er das Haus in der Frankfurter Straße 21 zusammen mit seinen Töchtern und einer Haushälterin.

Im November 1882 heiratete Burger seine 29-jährige Schülerin Pauline Fresenius (1853–1908) und porträtierte Louise noch ein zweites Mal als junge Frau (Kat. 26), kurz nach ihrer Heirat 1884 mit dem Künstler Nelson Gray Kinsley (Kat. 25), den er gleichzeitig in Jägerkleidung mit grünem Jägerhut darstellte. Die beiden Bildnisse sind wohl als Pendant gemalt worden.

Um 1889 hält Burger seine kleine Enkeltochter Lilla Kinsley (1885–1972) im strengen Profil nach links fest (Kat. 27). Er zeigt sie mit dem stolzen Blick des Großvaters in einem weißen Sonntagskleidchen mit blauer Schleife und einer blauen Schleife im Haar. Mit diesem vergleichsweise eleganten Kinderbildnis steht Burger erstmals der Münchner Porträtkunst um Franz von Lenbach nahe.

Im neuen Jahrhundert seit längerem von Krankheit gezeichnet, verstarb Anton Burger am 6. Juli 1905 in Kronberg und wurde auf dem Friedhof Frankfurter Straße begraben. Nach seinem Tod konnte auch die nachfolgende Künstlergeneration trotz Aufnahme moderner Tendenzen in ihre Malerei die Kolonie nicht wiederbeleben. 1948 starben mit Fritz Wucherer und Emil Rumpf die letzten offiziellen Vertreter der Kronberger Malerkolonie.

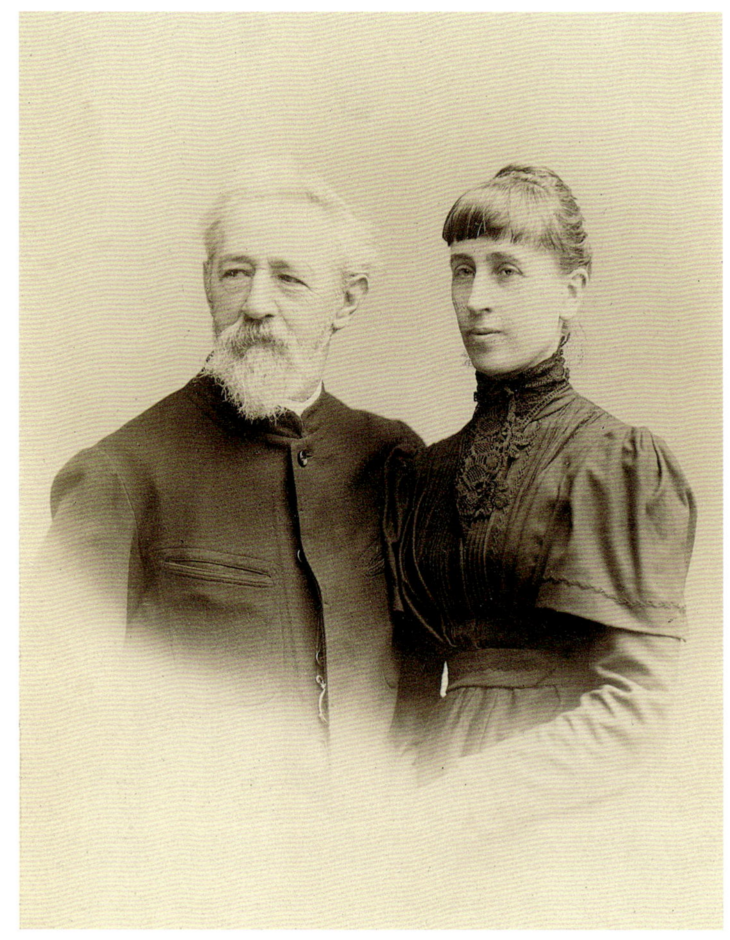

Abb. 8 Ehepaar Anton und Anna Burger (Geb. Küster), um 1875, Foto: Stadtarchiv Kronberg

1 Norbert Schrödl: Ein Künstlerleben im Sonnenschein, Frankfurt 1922, S. 343.
2 Die Auskunft von Dr. Juliane Harms, dass sich „Einzelwerke in allen Galerien Deutschlands“ befinden, ist also durchaus zutreffend; zit. nach: Kat. Kronberg 1988, S. 85. Zusätzlich zu den genannten sind Burgers Arbeiten heute auch in der Kunsthalle Bremen, dem Landesmuseum in Wiesbaden, dem Universitätsmuseum Marburg, dem Museum Schäfer in Schweinfurt, dem Museum Giersch in Frankfurt, der Stiftung Kronberger Malerkolonie, dem Museum Von-der-Heydt in Wuppertal sowie dem Royal Trust in London nachweisbar.
3 Alfred Lichtwark: Frankfurter Kunst und Leben um die Jahrhundertwende. Aus den Briefen von Alfred Lichtwark. Ausgewählt, kommentiert und mit einem Nachwort versehen von Margit Dibbern, Frankfurt 1974, S. 21.
4 Heinrich Weizsäcker: Frankfurter Kunst, in: Pan, 3. Jg. Heft 4, 1897, S. 239–244.
5 Zit. nach: Wolfgang Klötzer: „Wahrlich eine schöne und lebendige Stadt...“ Kleine Schriften zur Frankfurter Kulturgeschichte, hrsg. Von Otto Rudolf Kissel/Dieter Rebentisch, Hans-Otto Schembs, Frankfurt 1985, S. 306.
6 Vgl. Harms ebd., S. 85 (siehe Anm. 2).
7 Anja Frommator, Anton Burger (1824–1905), Diss. J. Gutenberg-Universität Mainz 2013, S. 281 f.
8 Friedrich Pecht, Feuilleton, Münchner Kunst. In: Allgemeine Zeitung 27.2.1894, 2. Morgenblatt, Nr. 57, S. 5.
9 Inge Eichler, Wege und Umwege von Frankfurt nach Kronberg, in: Anton Burger. Kat. Museumsgesellschaft Kronberg e. V., Frankfurt 1988, S. 23.
10 Anna Spier: Anton Burger. In: Die Kunst unserer Zeit, Jg. V, Heft 10, 1894, S. 57–80. (= Anna Spier, Anton Burger, Album, München 1894).
11 Zur ausführlichen Bibliografie über Anton Burger siehe Frommator 2013, S. 285–327.
12 Eichler, in: Kat. Kronberg 1988, S. 20.
13 In den Akten der Münchner Akademie der bildenden Künste taucht Burger nicht auf. Allerdings berichtet seine erste Chronistin, Anna Spier, 1894 in: Die Kunst unserer Zeit, Jg. V, H. 10, S. 62 auch über Burgers frühe Münchner Zeit.
14 Spier 1894, S. 64.
15 In den 1960er Jahren wurden die Bilder im Zuge einer Renovierung des Gasthauses durch den Restaurator und Dekorationsmaler Julius Hembus gerettet und in großen Quadraten aus der Wand herausgesägt, vorsichtig vom Putz abgelöst, auf Leinwand aufgebügelt und auf Holzspanplatten aufgezogen. Abschließend wurde der Firnis abgenommen und die neu entstandenen Bilder retuschiert und gefestigt. So erklärt sich der oftmals angegriffene Zustand der abgenommenen „Fresken“, die sich heute überwiegend in Privatbesitz befinden.
16 Das Pendant von Burgers Musikern ist heute wieder im Gasthaus „Adler“ als abgenommenes und restauriertes „Fresko“ zu sehen. Auch Jakob Fürchtegott Dielmann wählte dieses beliebte Motiv für eine kleine aquarellierte Genreszene, die sich heute in der Sammlung der Stiftung Kronberger Malerkolonie befindet.
17 Franck 1920, S. 35.
18 Zit. nach Holz 1984, S. 10.
19 Franck 1920, S. 45.
20 Kat. Frankfurt 2004, S. 52.
21 Die Bezeichnung Schirn stammt aus dem Oberdeutschen und bedeutet ursprünglich Schranne = hölzerne Bank.
22 Frommator 2013, S. 145, Anm. 771.
23 Ebd., S. 167.
24 Inge Eichler: Anton Burger und die Jagd, in: Kat. Kronberg 1988, S. 121–149. Eichler zufolge hatte Burger später auch eine eigene Jagd in der Stierstädter Heide gepachtet, ebd. S. 124.
25 Philipp Franck, Vom Taunus zum Wannsee, Braunschweig 1920, S. 33.
26 ilbert Titeux: Zu Courbets Jagdbildern, in: Kat. Courbet ein Traum von der Moderne, Schirn Kunsthalle Frankfurt, Ostfildern 2010, S. 70–75.
27 Eichler in Kat. Kronberg 1988, S. 141.
28 Franck 1920, S. 35.
29 Frommator 2013, S. 204.

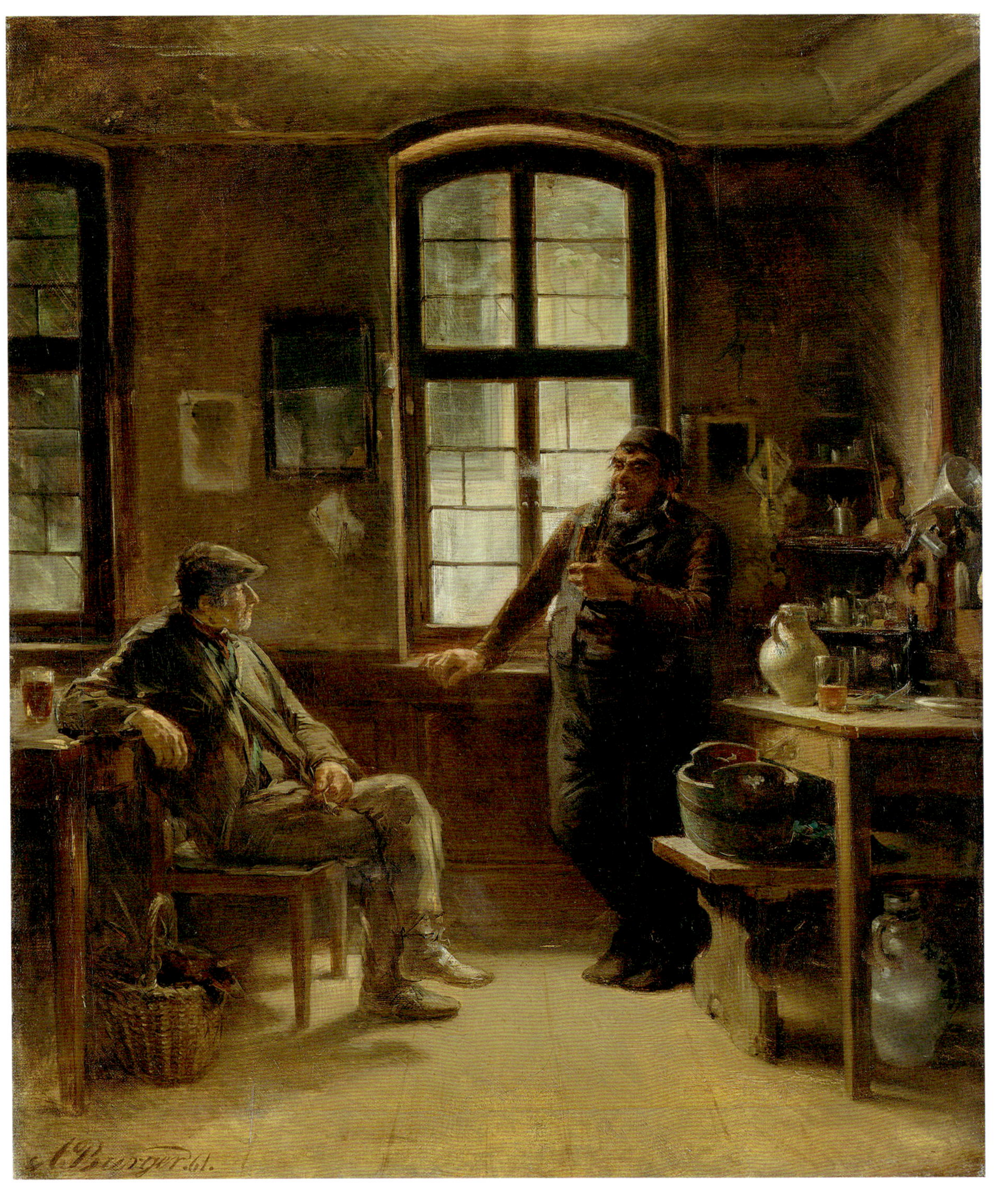

Kat. 1 Anton Burger, Beim Adlerwirt Renker in Kronberg, 1861, Öl auf Leinwand, 58 x 40,3 cm, Bayerische Staatsgemäldesammlungen, Neue Pinakothek München

KATALOG

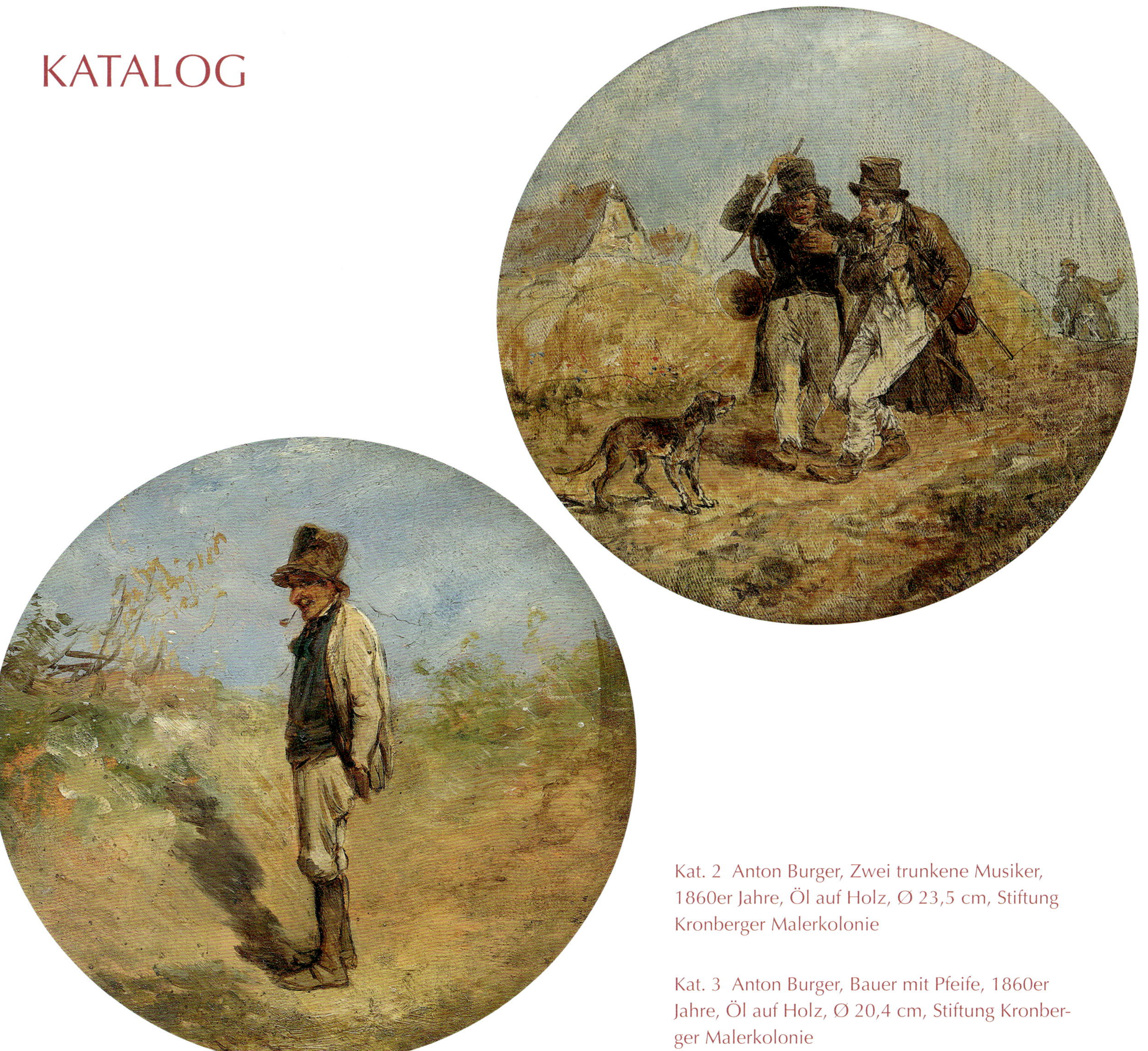

Kat. 2 Anton Burger, Zwei trunkene Musiker, 1860er Jahre, Öl auf Holz, Ø 23,5 cm, Stiftung Kronberger Malerkolonie

Kat. 3 Anton Burger, Bauer mit Pfeife, 1860er Jahre, Öl auf Holz, Ø 20,4 cm, Stiftung Kronberger Malerkolonie

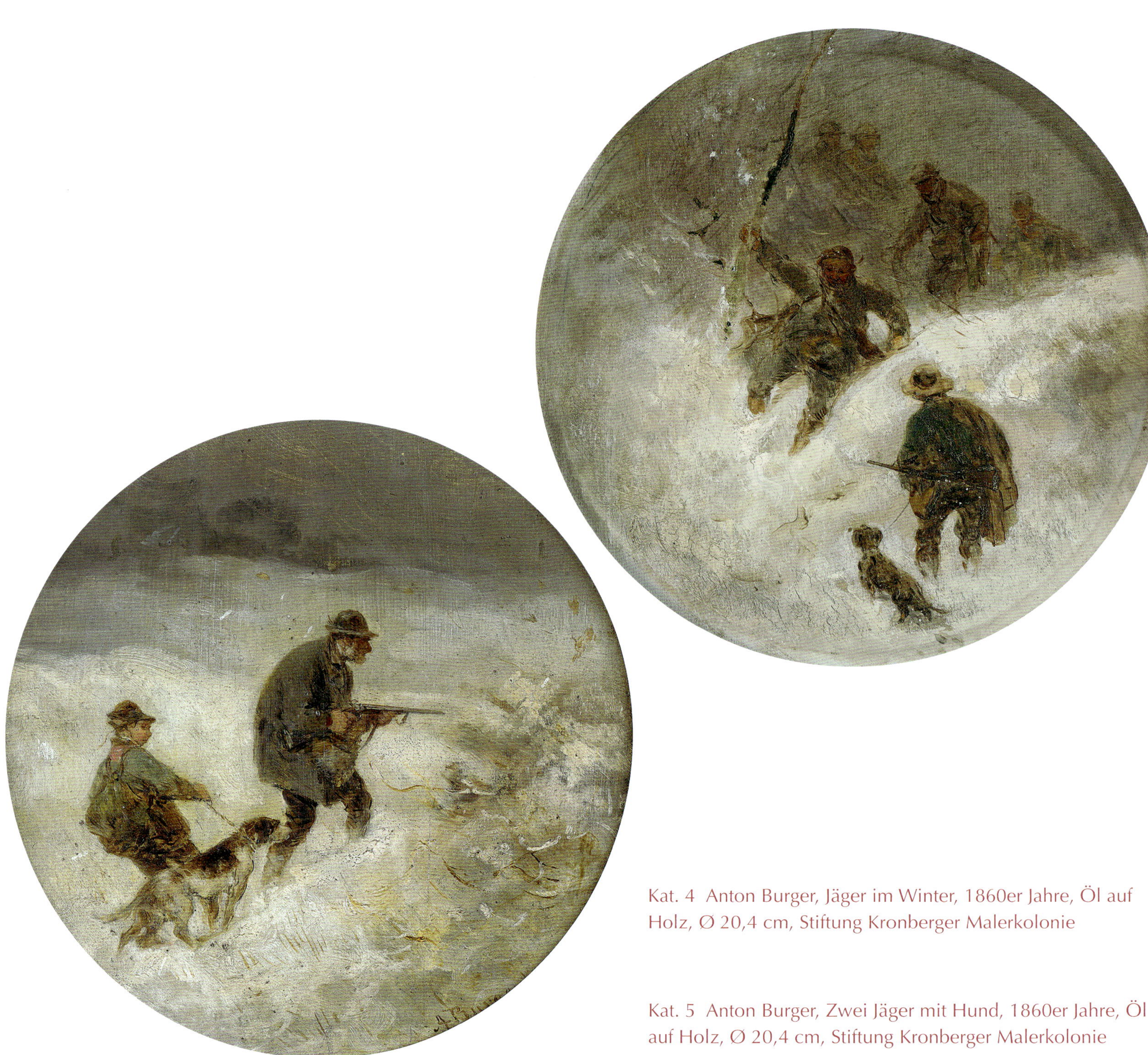

Kat. 4 Anton Burger, Jäger im Winter, 1860er Jahre, Öl auf Holz, Ø 20,4 cm, Stiftung Kronberger Malerkolonie

Kat. 5 Anton Burger, Zwei Jäger mit Hund, 1860er Jahre, Öl auf Holz, Ø 20,4 cm, Stiftung Kronberger Malerkolonie

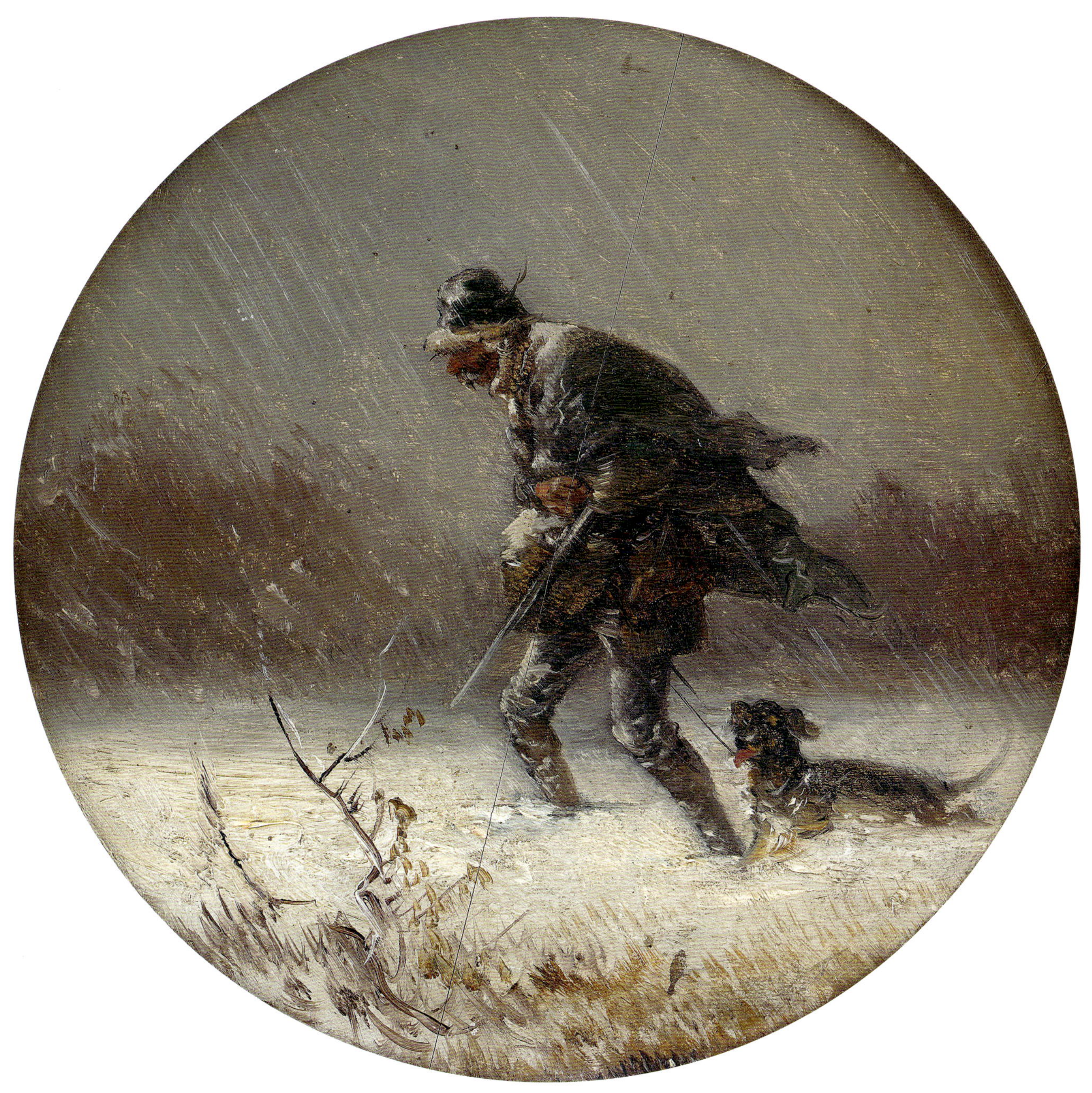

Kat. 6 Anton Burger, Jagdgesellschaft im Winter, 1860er Jahre,
Öl auf Holz, Ø 20,4 cm, Stiftung Kronberger Malerkolonie

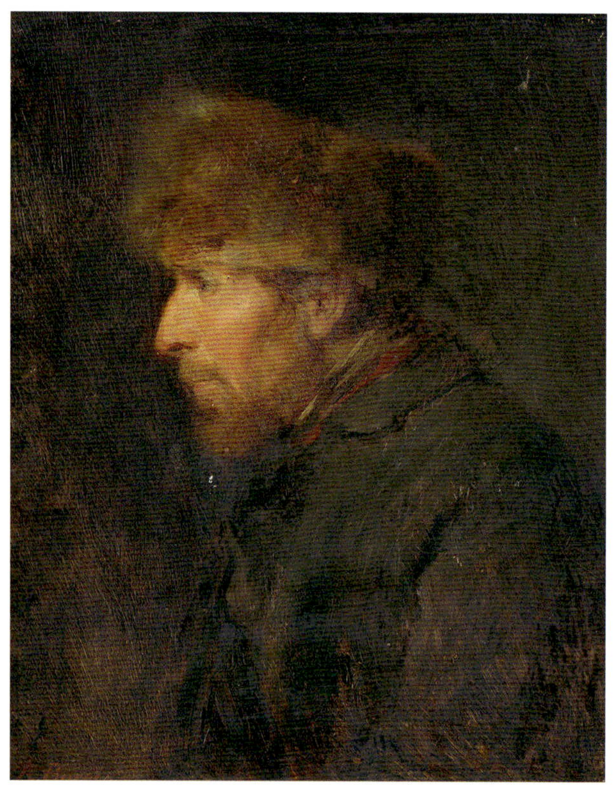

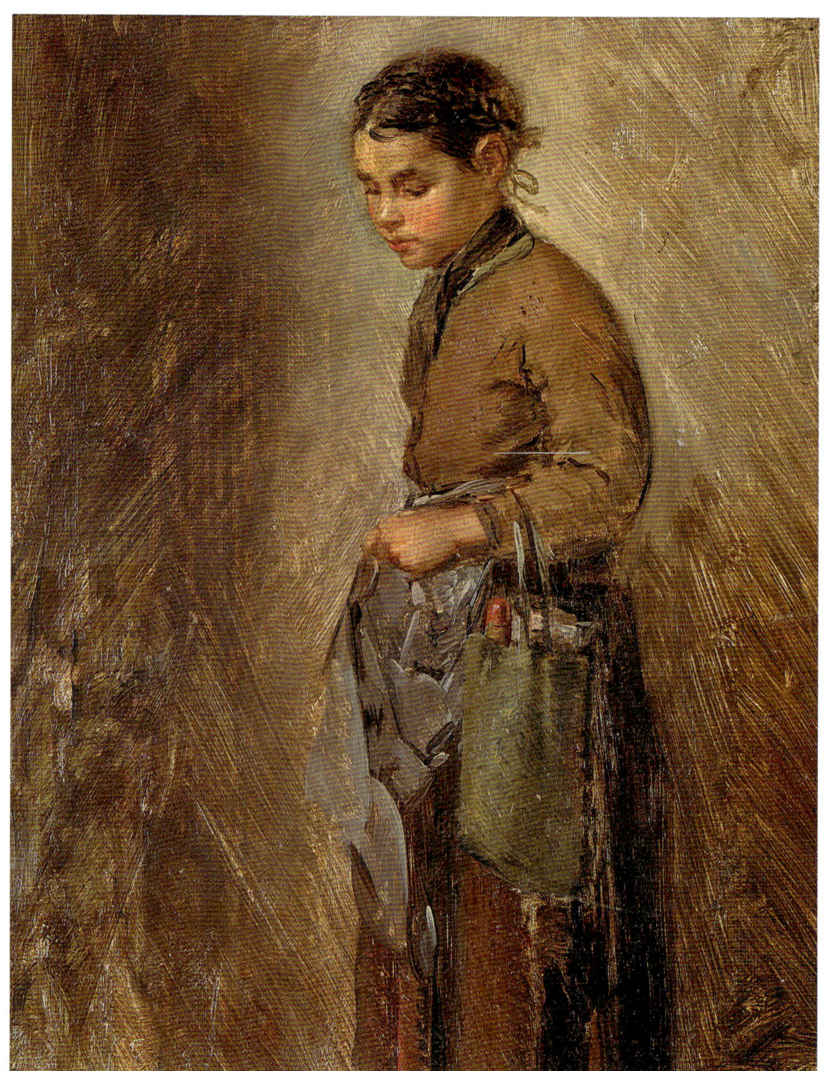

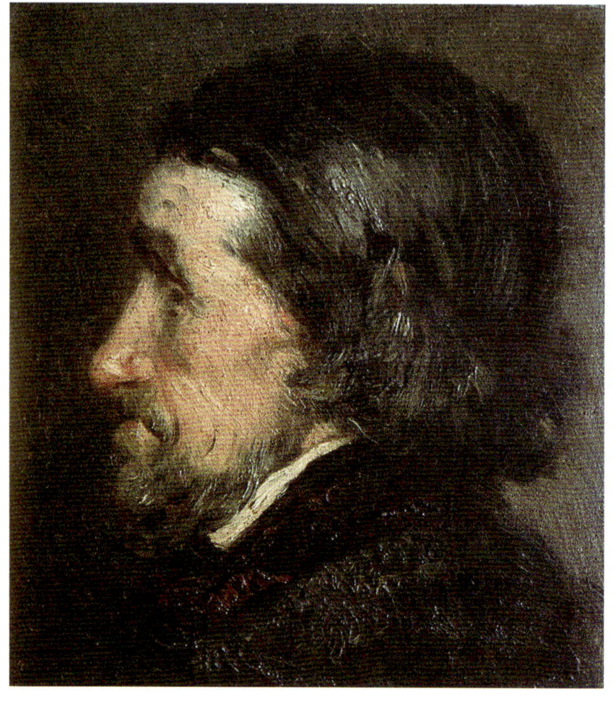

Kat. 7 Anton Burger, Mann mit Fellmütze, 1860er Jahre, Öl auf Holz, 24 x 17,5 cm, Stiftung Kronberger Malerkolonie

Kat. 8 Anton Burger, Schreinermeister Reeb, 1860er Jahre, Öl auf Pappe, 22 x 20 cm, Privatbesitz

Kat. 9 Anton Burger, Kronberger Schulmädchen, 1860er Jahre, Öl auf Pappe, 27,5 x 21,8 cm, Stiftung Kronberger Malerkolonie

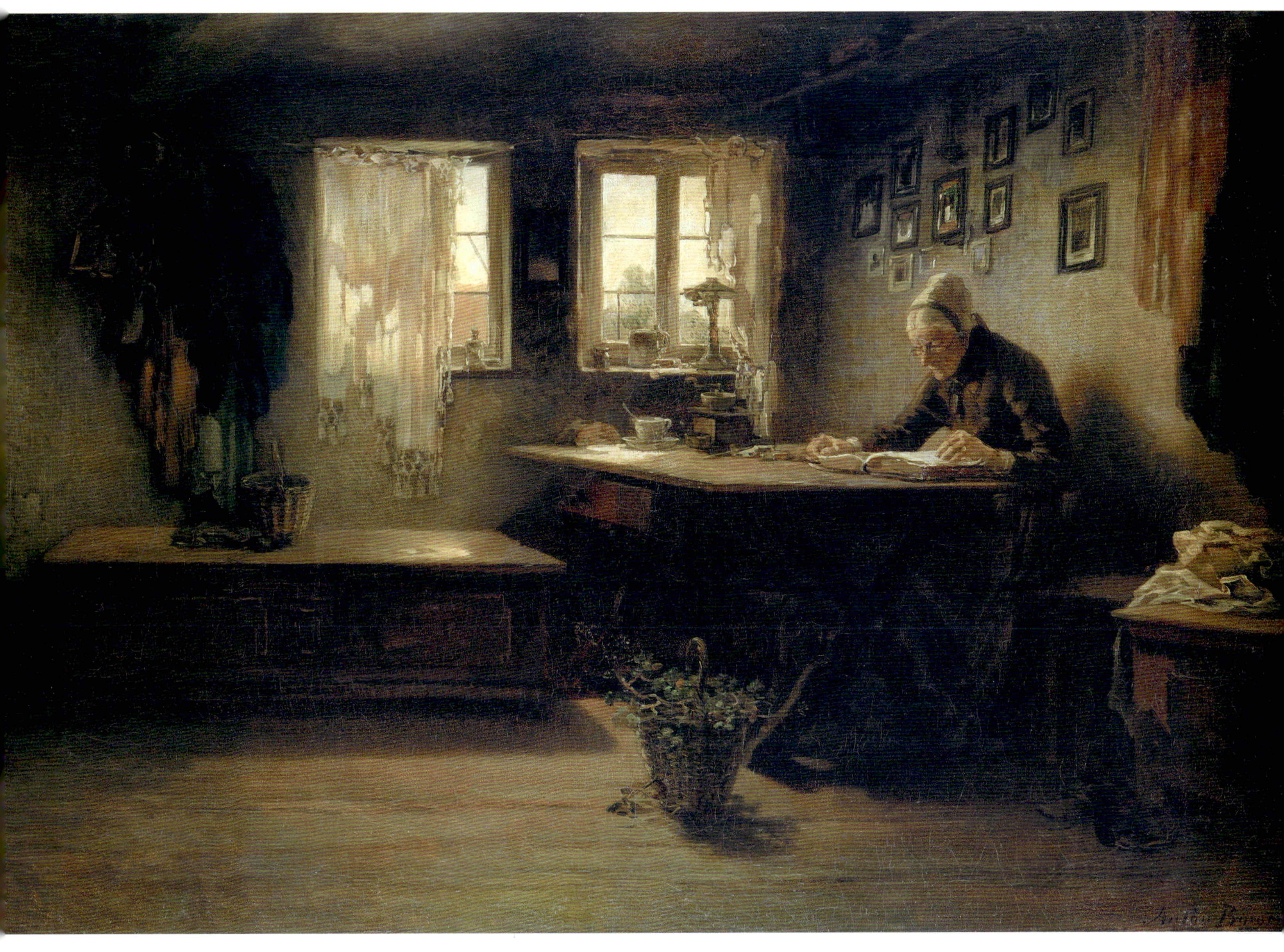

Kat. 10 Anton Burger, Häusliche Andacht, o. J., Öl auf Leinwand, Städel Museum Frankfurt

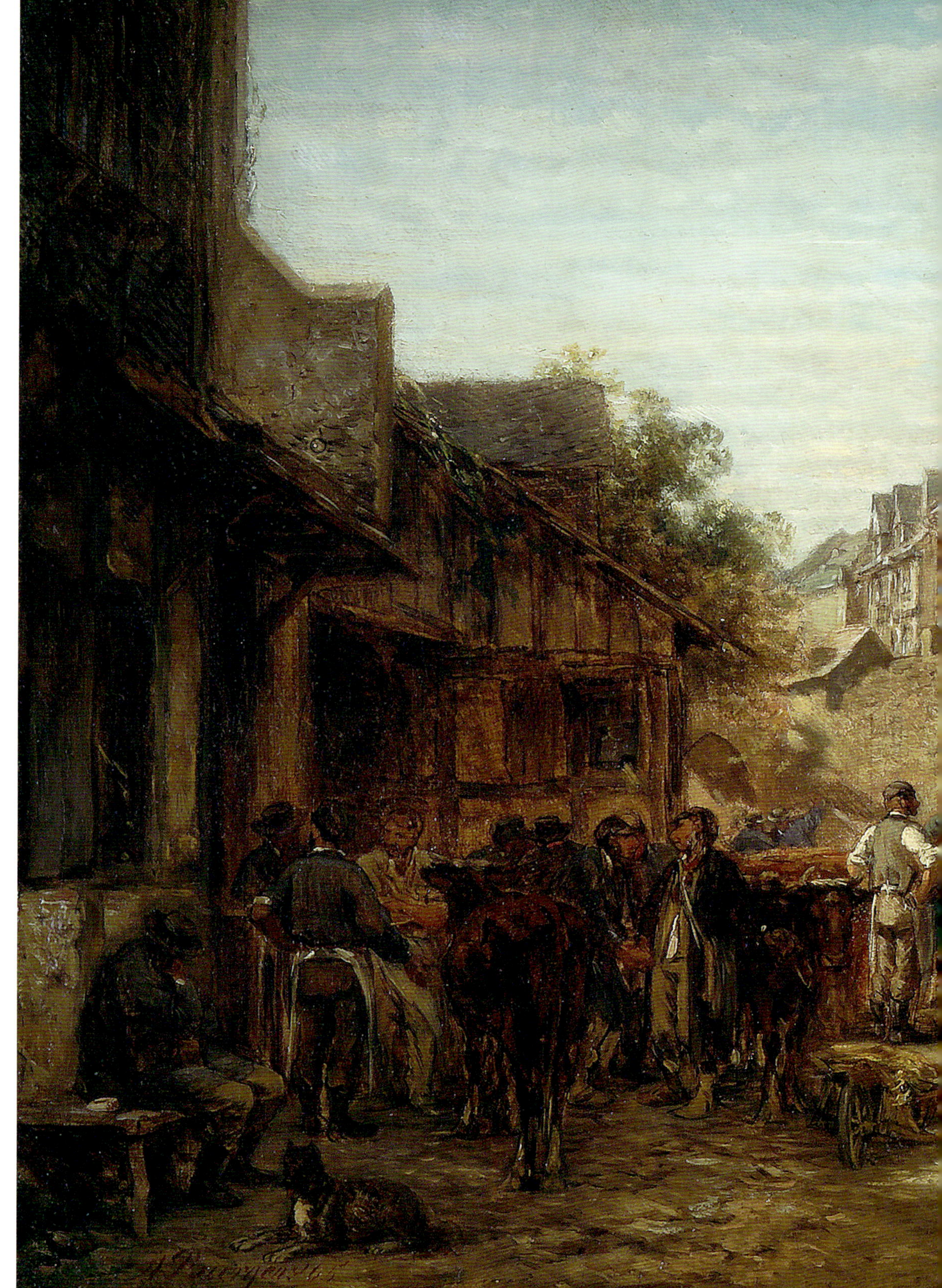

Kat. 11 Anton Burger, Der Frankfurter Viehmarkt mit der Herberge „Zur Goldenen Luft“, 1863, Öl auf Leinwand, Dauerleihgabe an die Stiftung Kronberger Malerkolonie

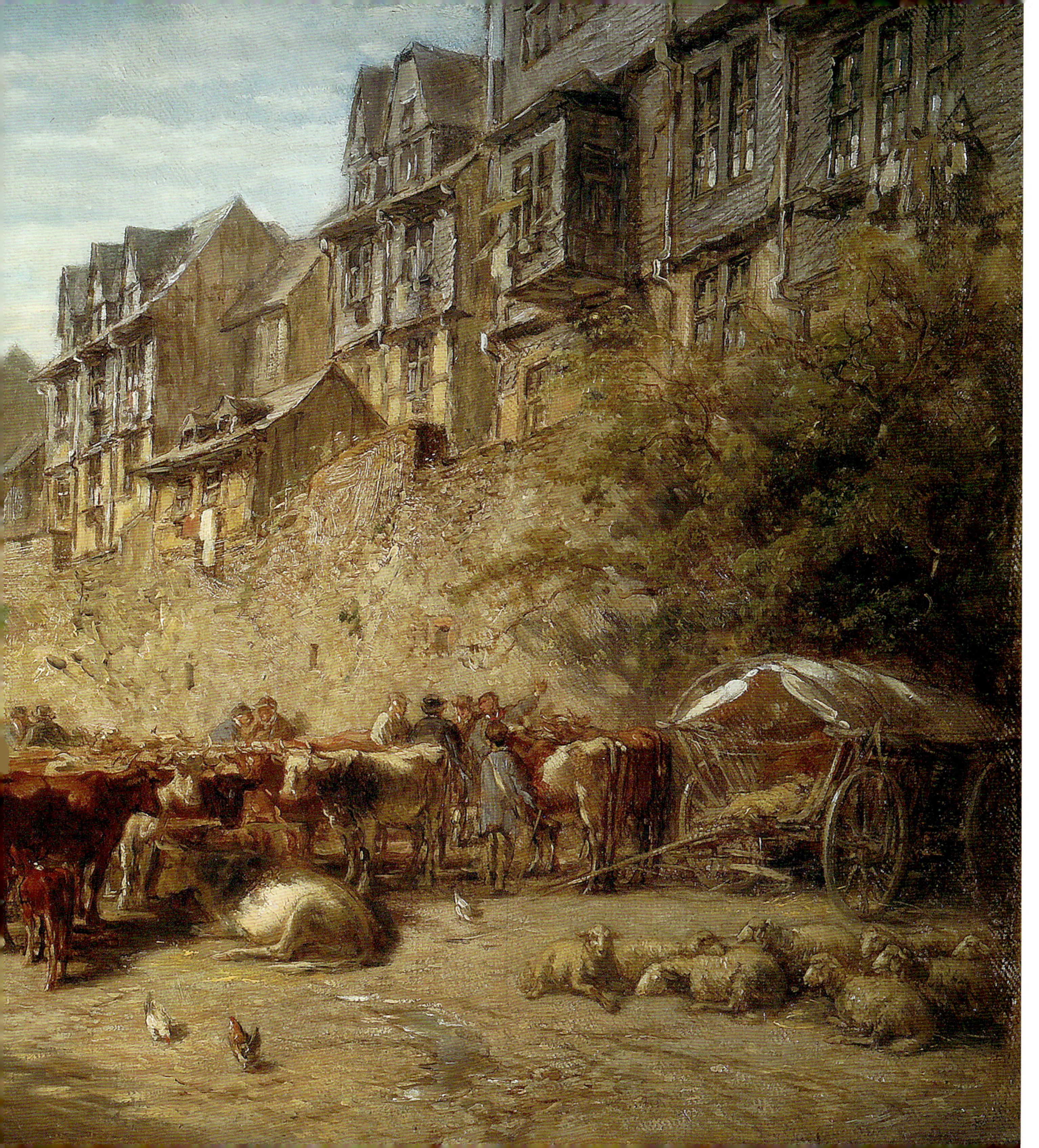

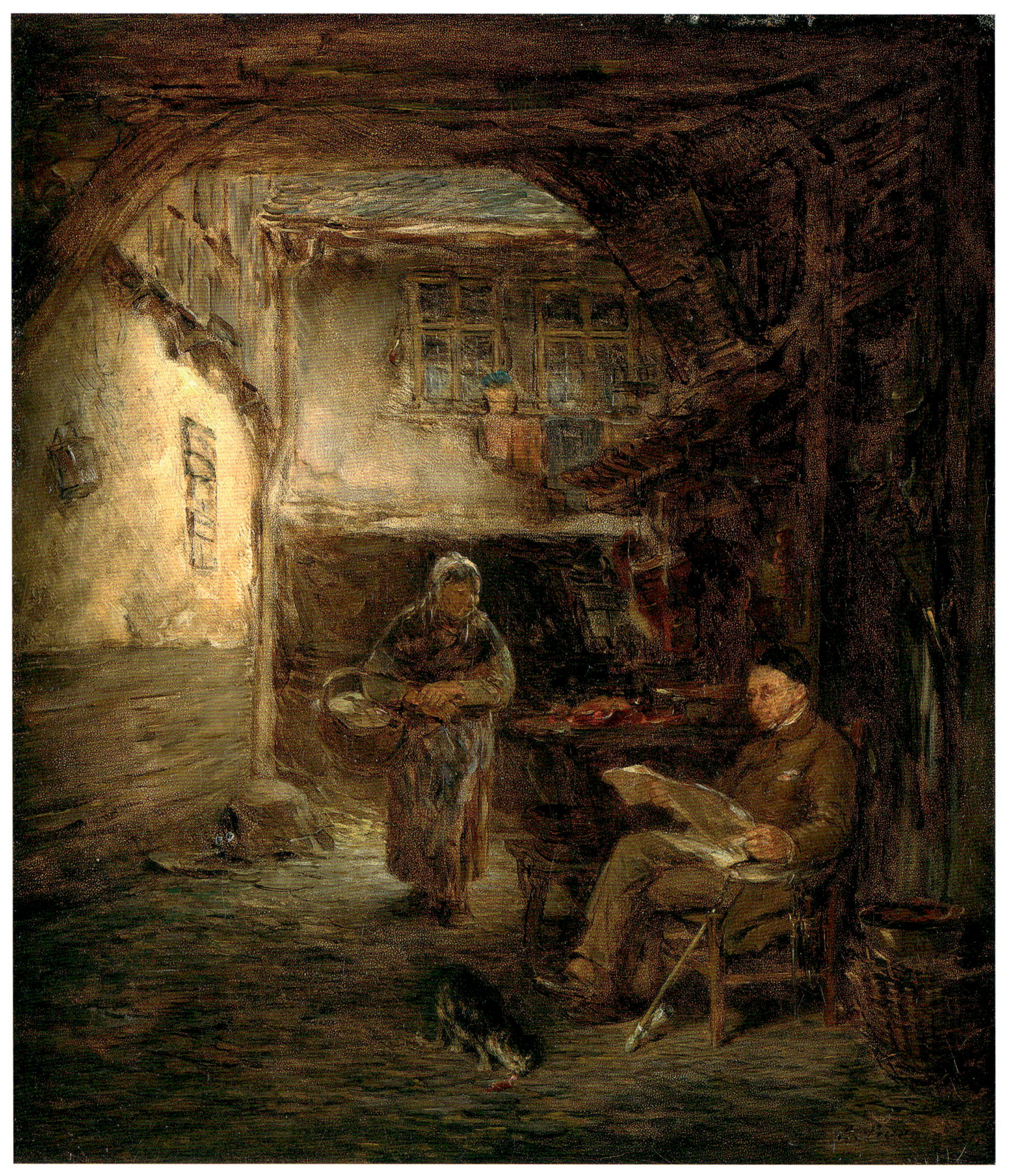

Kat. 12 Anton Burger, Schirn in Frankfurt (Jüdischer Metzger), Öl auf Leinwand, 30 x 25 cm, Stiftung Kronberger Malerkolonie

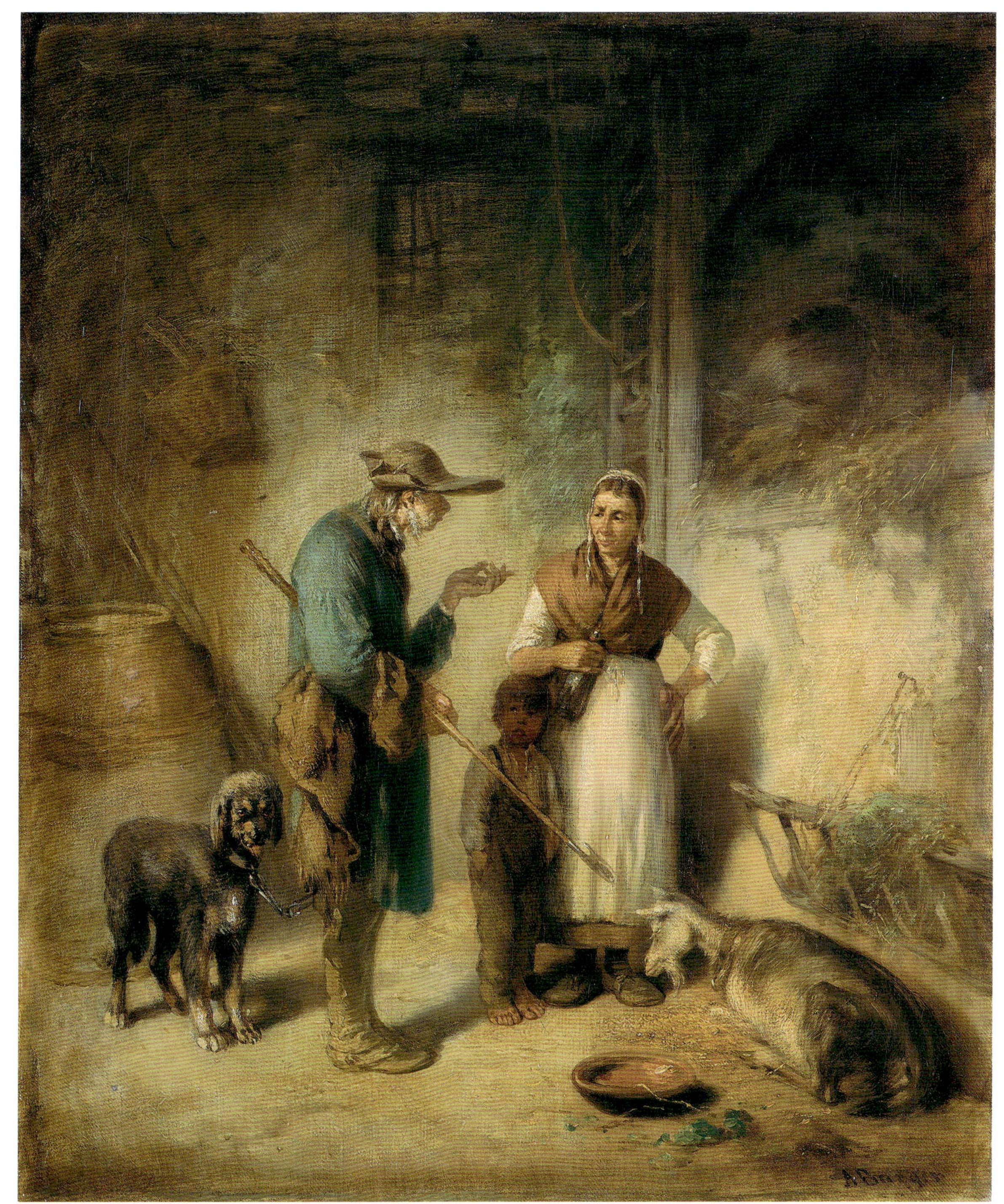

Kat. 13 Anton Burger, Die kranke Ziege, um 1865, Öl auf Leinwand, 70 x 56,5 cm, Städel Museum Frankfurt

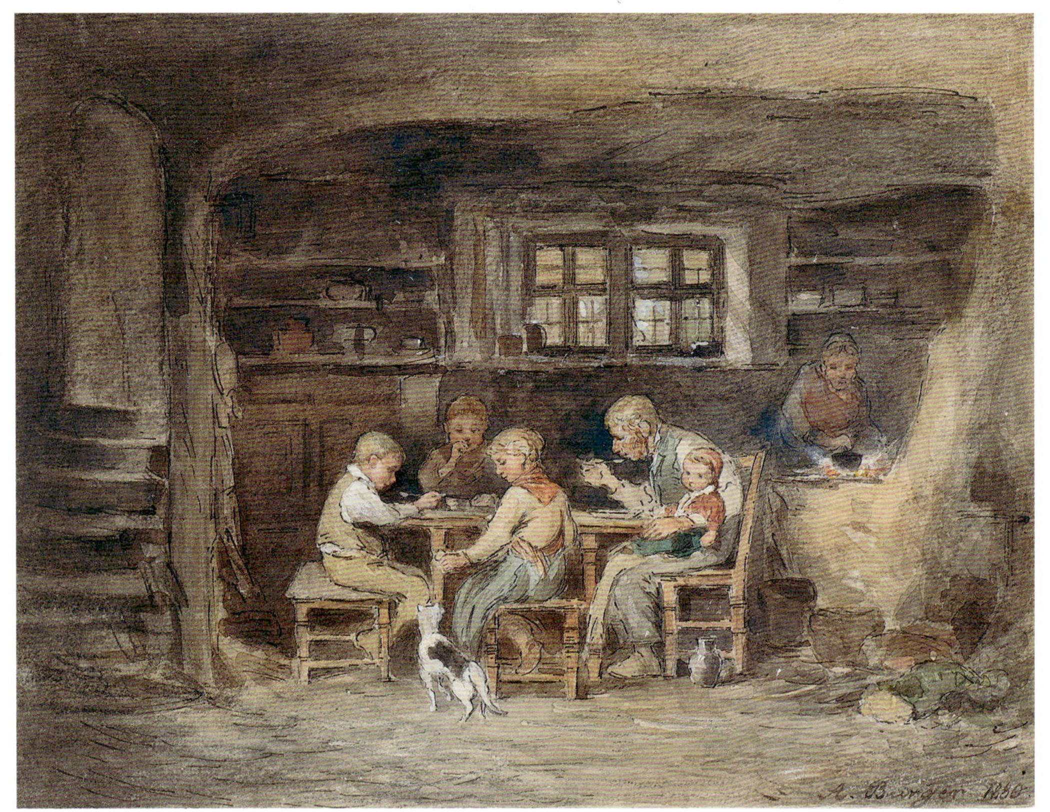

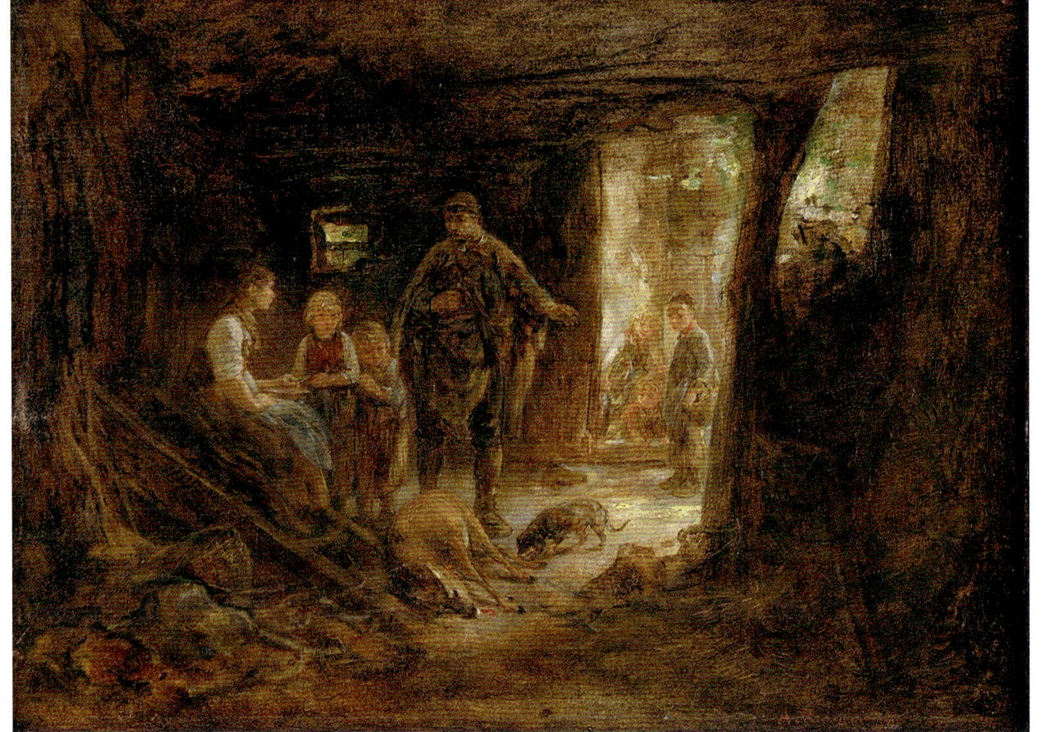

Kat. 14 Anton Burger, Familie am Tisch, 1880, Aquarell, 19 x 24 cm, Stiftung Kronberger Malerkolonie

Kat. 15 Anton Burger, Bäuerliches Interieur mit Kindern, o. J., Öl auf Leinwand, 35,5 x 49 cm, Stiftung Kronberger Malerkolonie

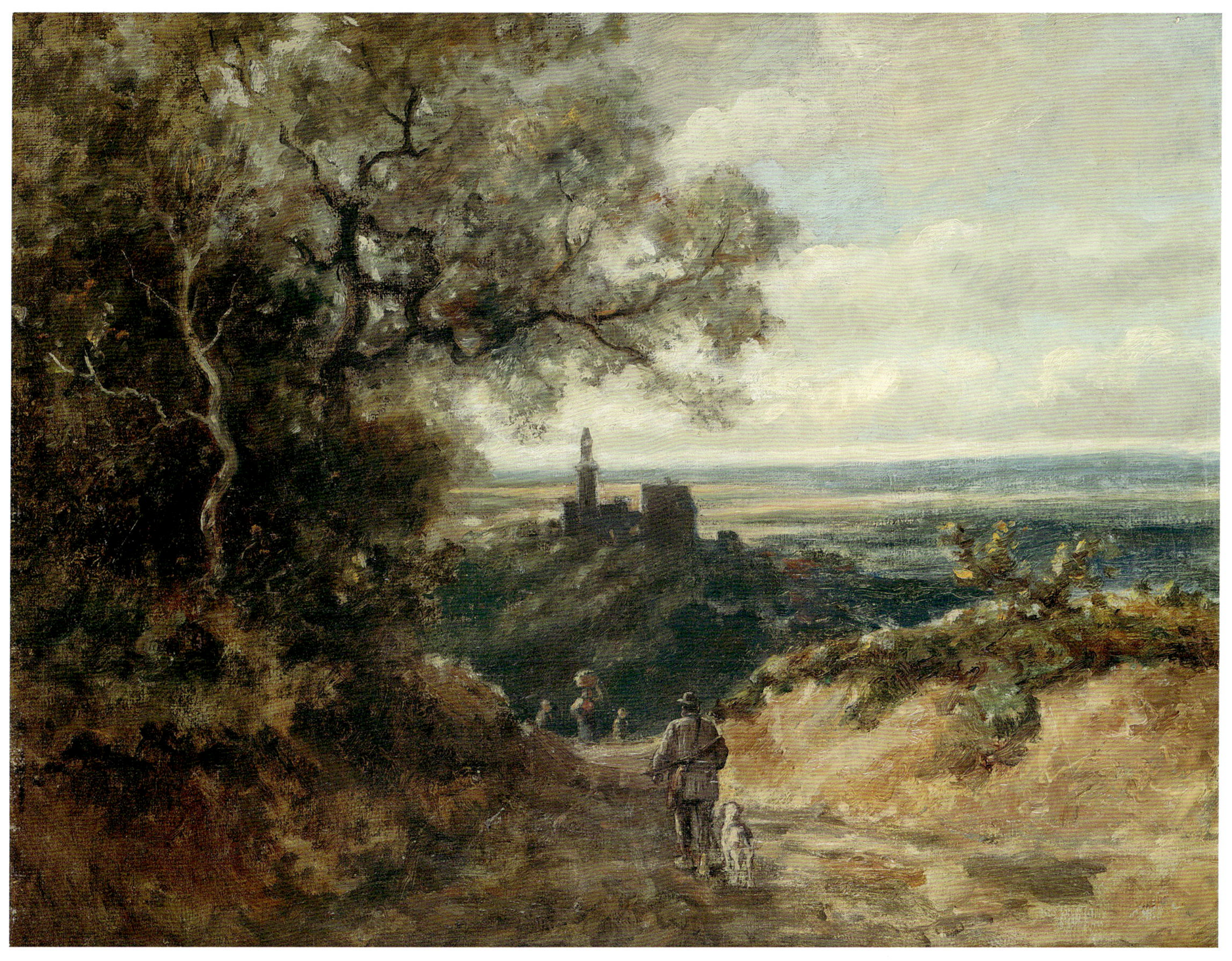

Kat. 16 Anton Burger, Rückkehr von der Jagd, um 1865, Öl auf Leinwand, 59 x 49 cm, Stiftung Kronberger Malerkolonie

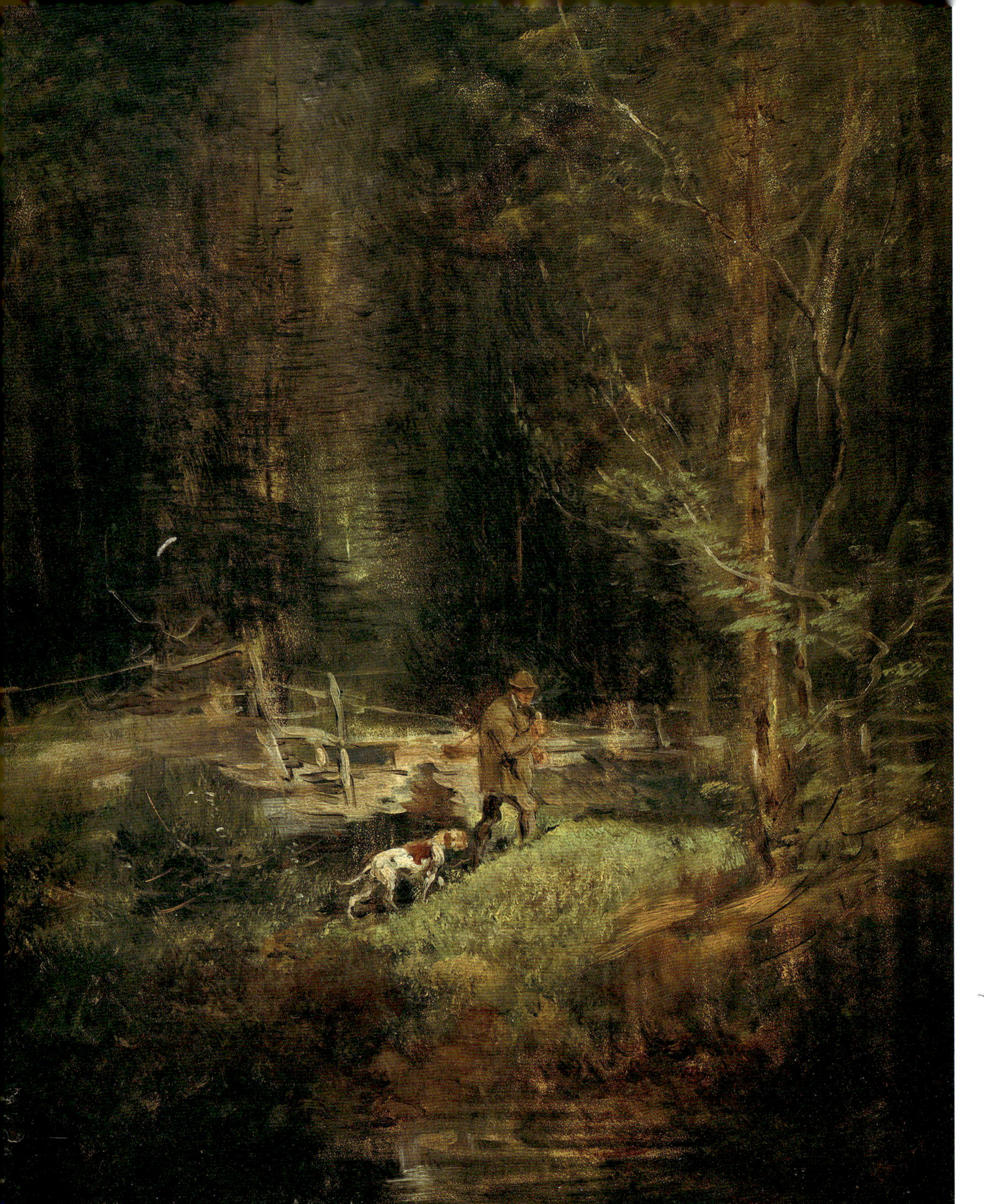

Kat. 17 Anton Burger, Auf der Jagd, Öl auf Holz, 41 x 32,5 cm, Stiftung Kronberger Malerkolonie

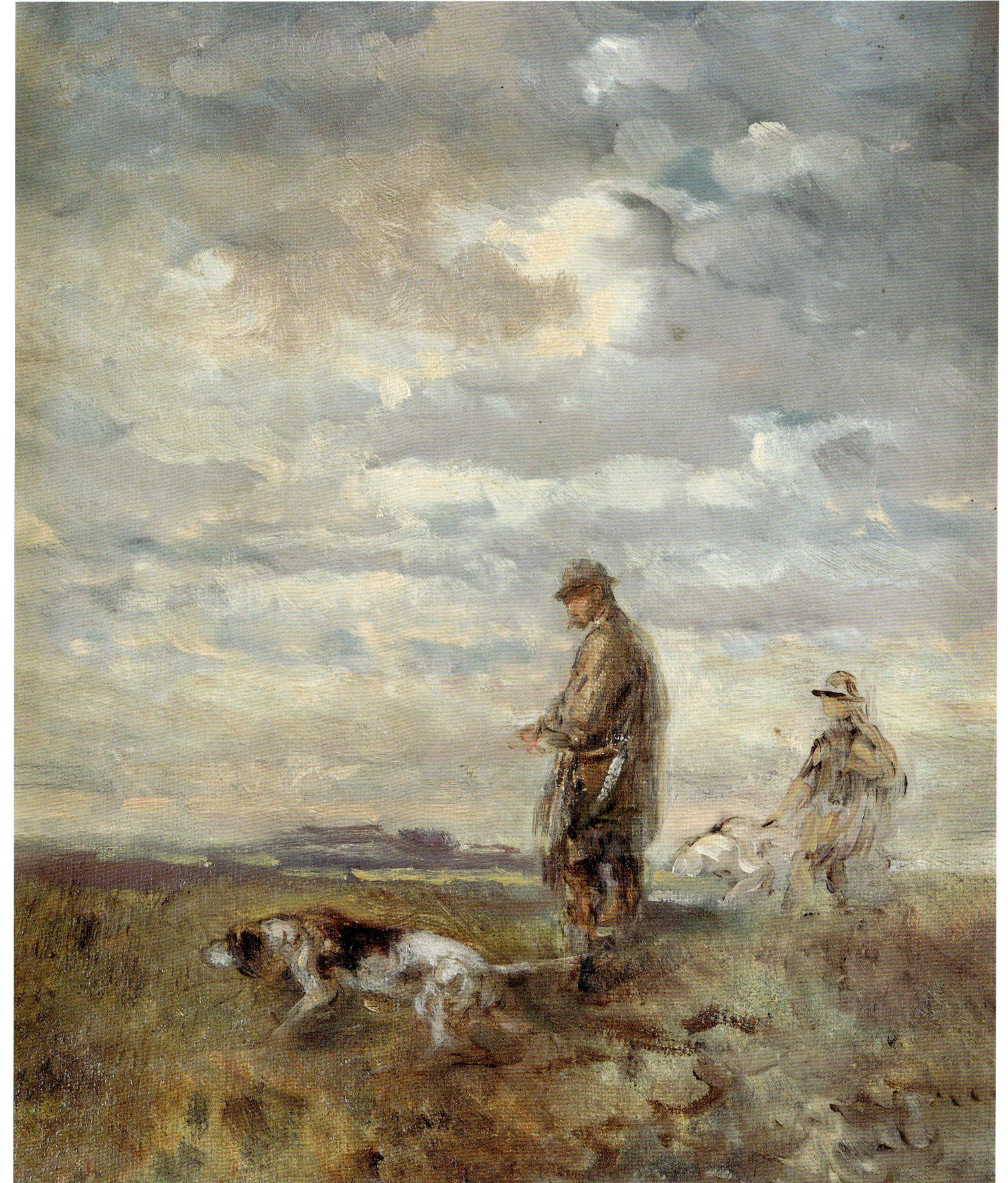

Kat. 18 Anton Burger, Zwei Jäger mit Hund auf dem Hochplateau bei Oberhöchstadt, o. J., Öl auf Leinwand, 28,5 x 23 cm, Stiftung Kronberger Malerkolonie

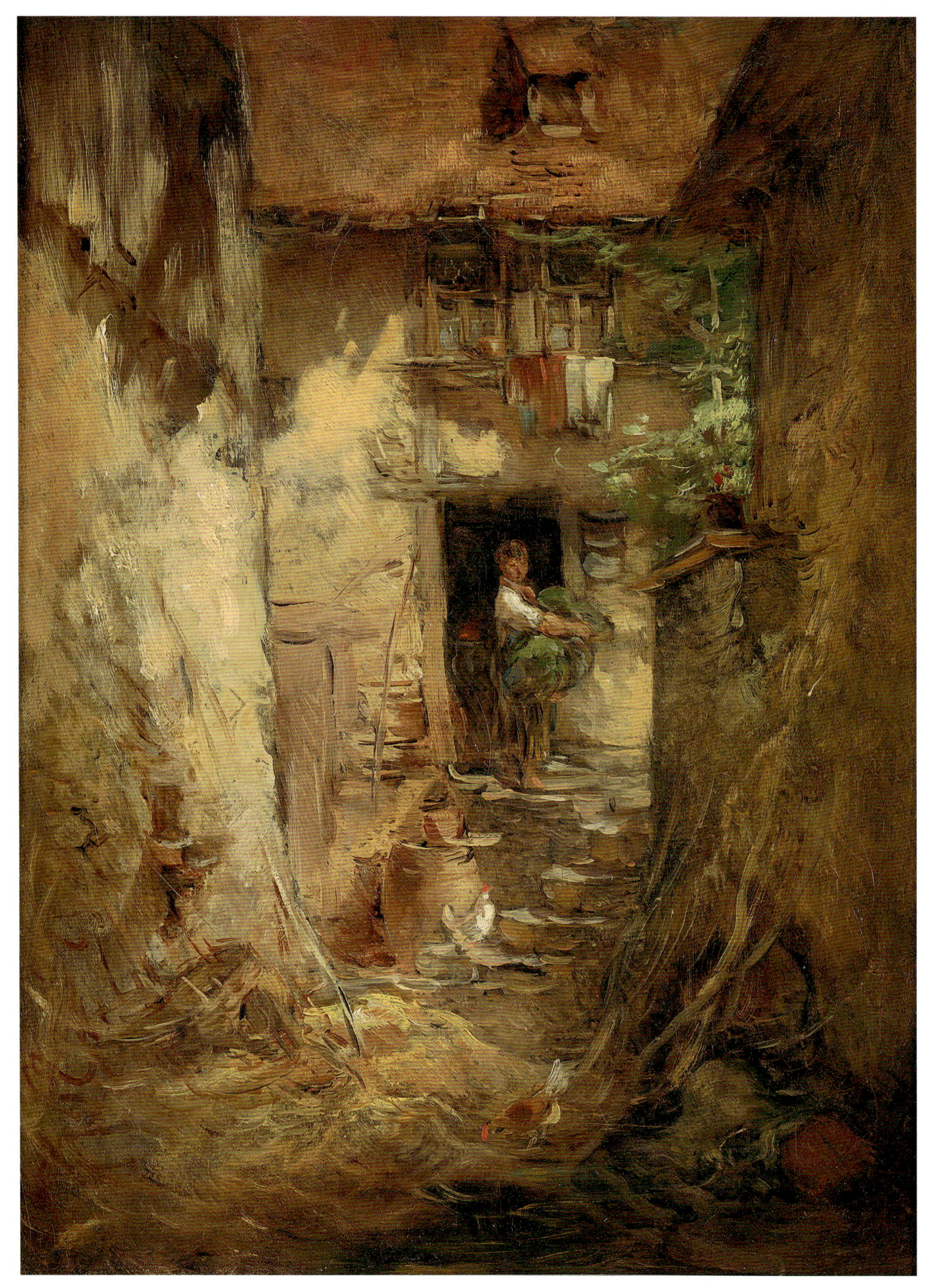

Kat. 19 Anton Burger, Blick in ein Bauerngehöft, o. J., Öl auf Leinwand, 39,5 x 33,5 cm, Stiftung Kronberger Malerkolonie

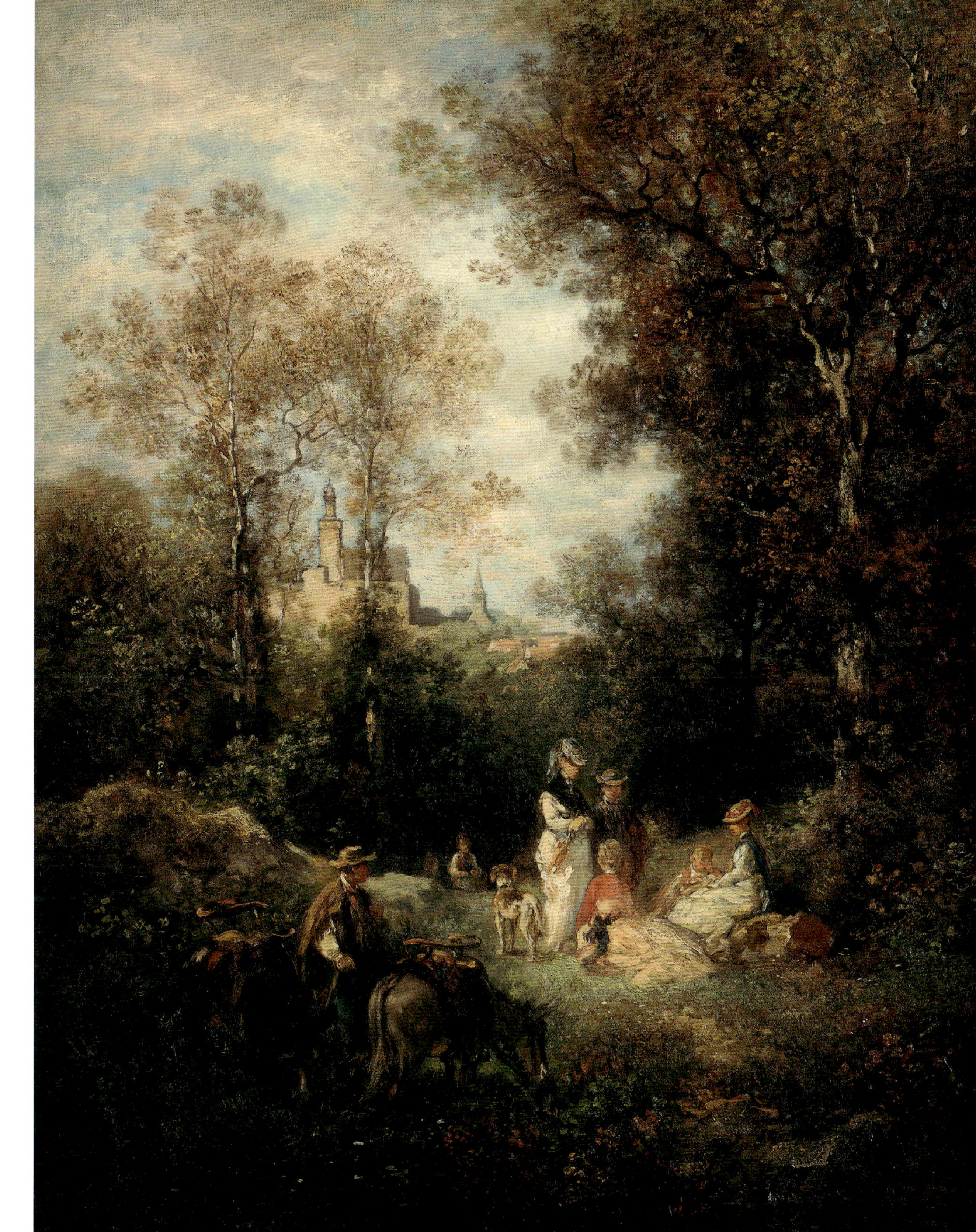

Kat. 20 Anton Burger, Galante Gesellschaft beim Picknick vor Kronberg, um 1874, Öl auf Leinwand, 66 x 51 cm, Stiftung Kronberger Malerkolonie

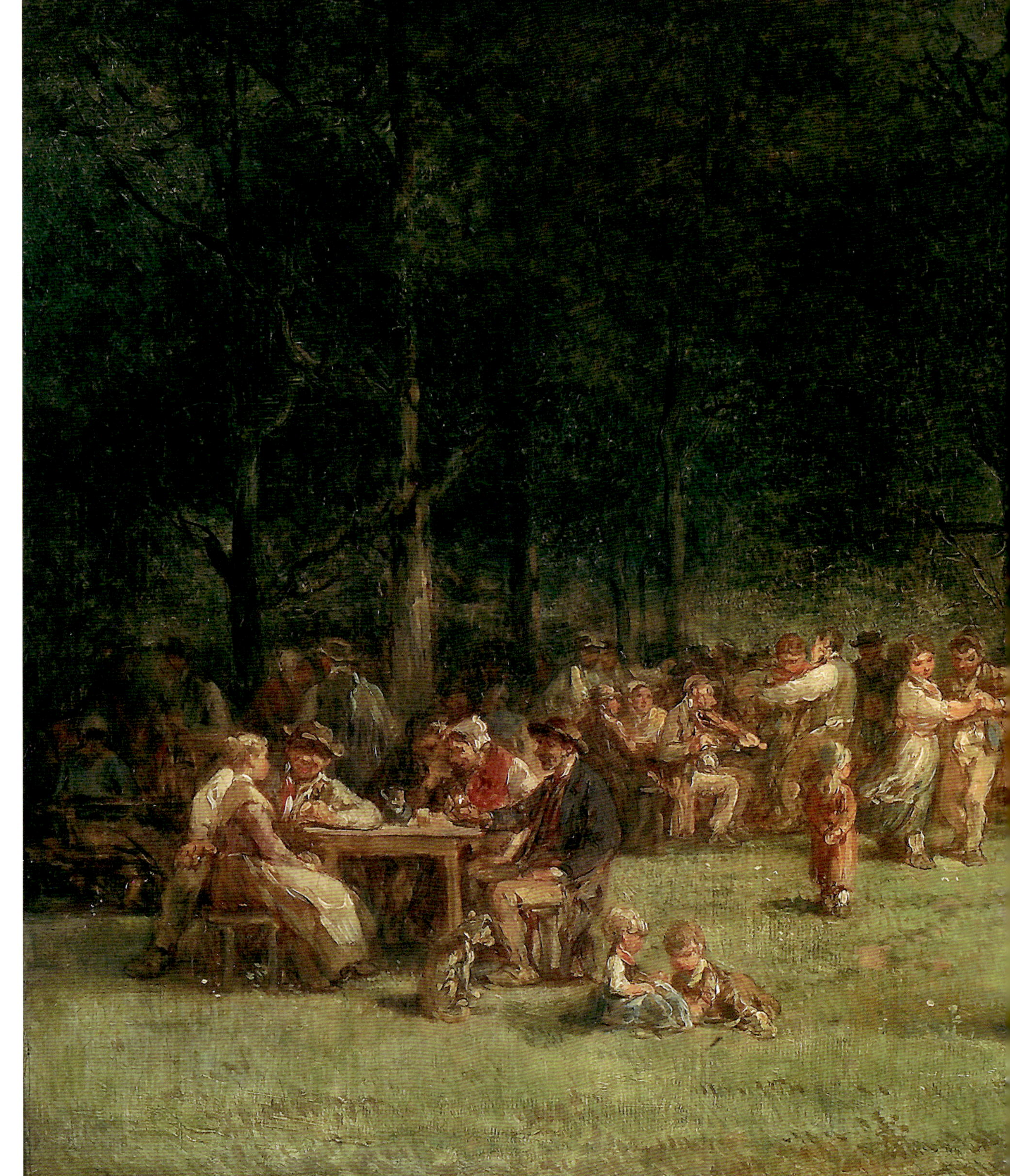

Kat. 21
Anton Burger,
Die Kronberger
Kerb, 1875,
Öl auf Leinwand, 23 x
42,5 cm, Privatsammlung

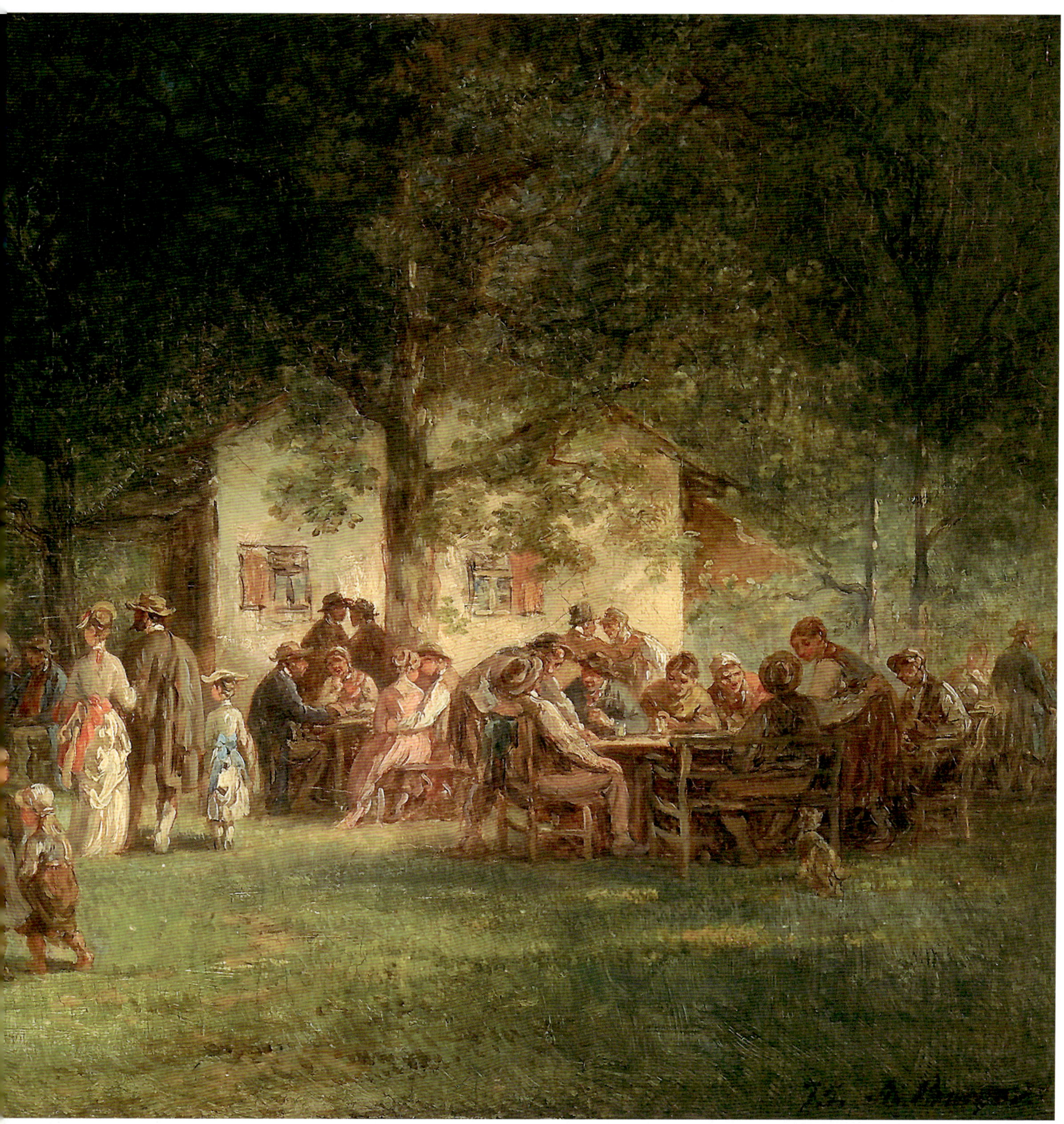

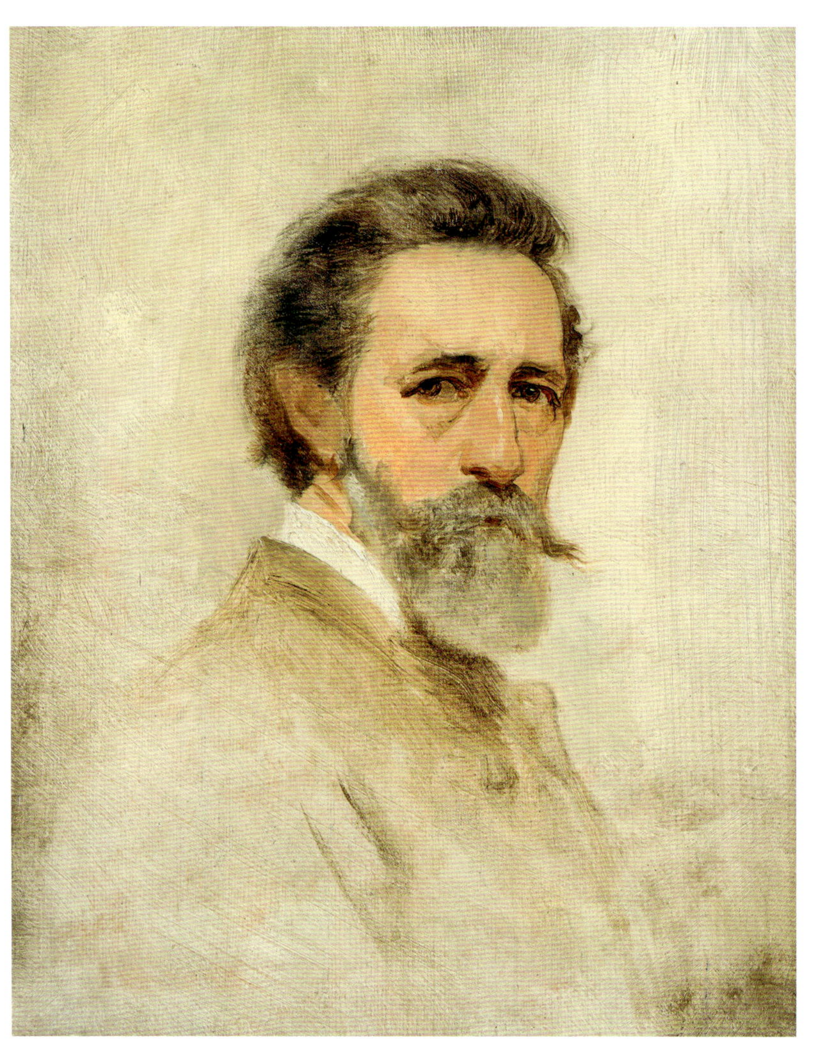

Kat. 22 Anton Burger, Selbstporträt, 1870er Jahre, Öl auf Holz, 35,5 x 28,5 cm, Privatsammlung

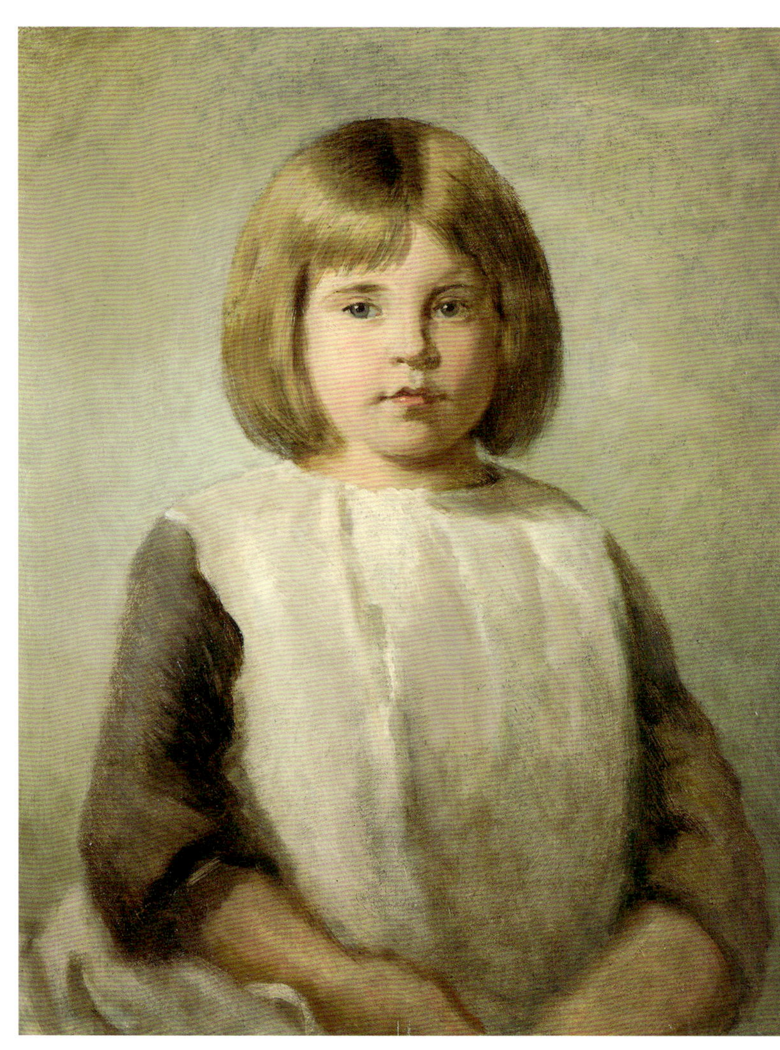

Kat. 23 Anton Burger, Bildnis Anna Burger, um 1869, Öl auf Leinwand, 54 x 44 cm, Stiftung Kronberger Malerkolonie

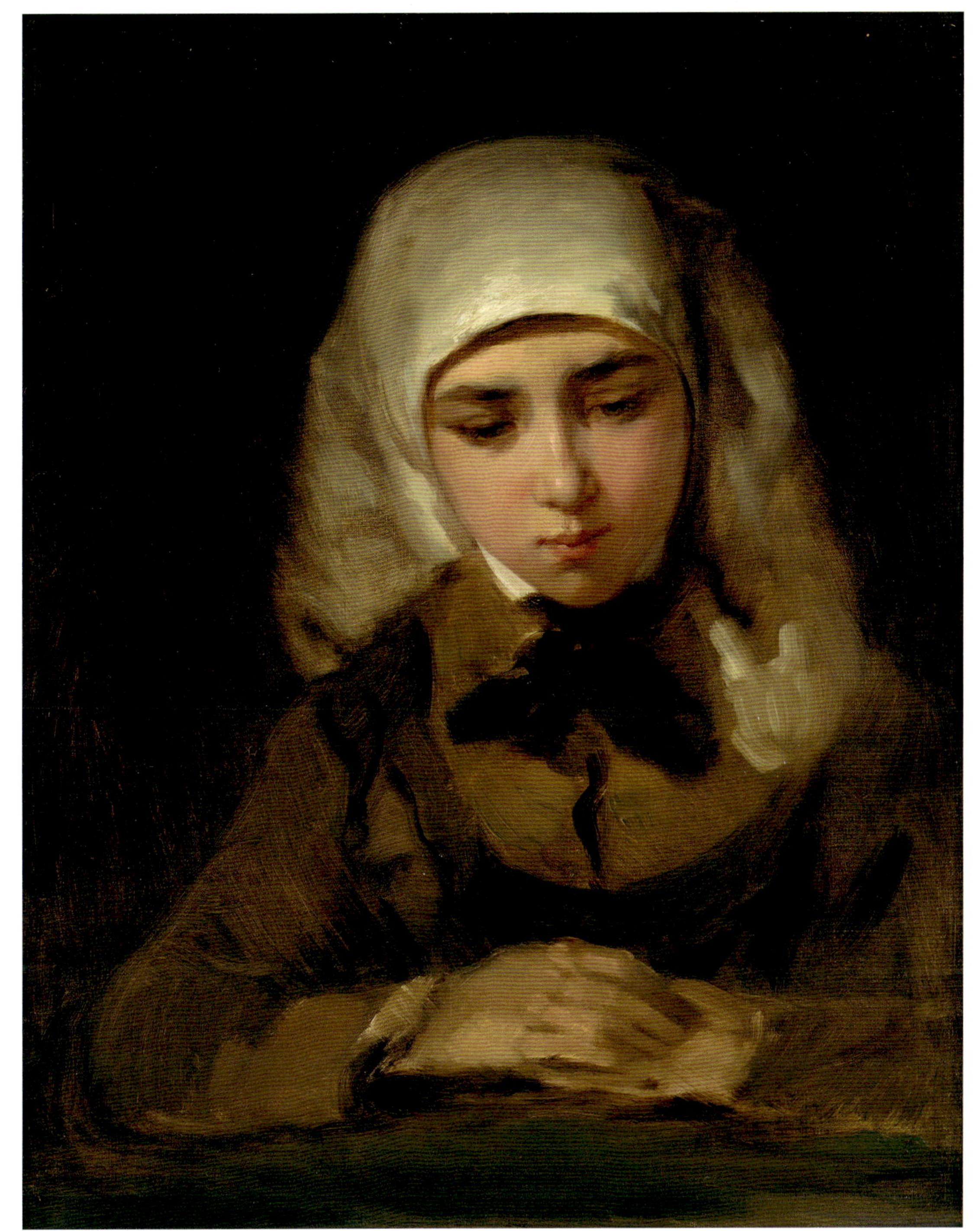

Kat. 24 Anton Burger,
Bildnis Louise Burger
(Die kleine Beterin),
um 1875, Öl auf Leinwand,
58 x 45 cm, Stiftung Kronberger Malerkolonie

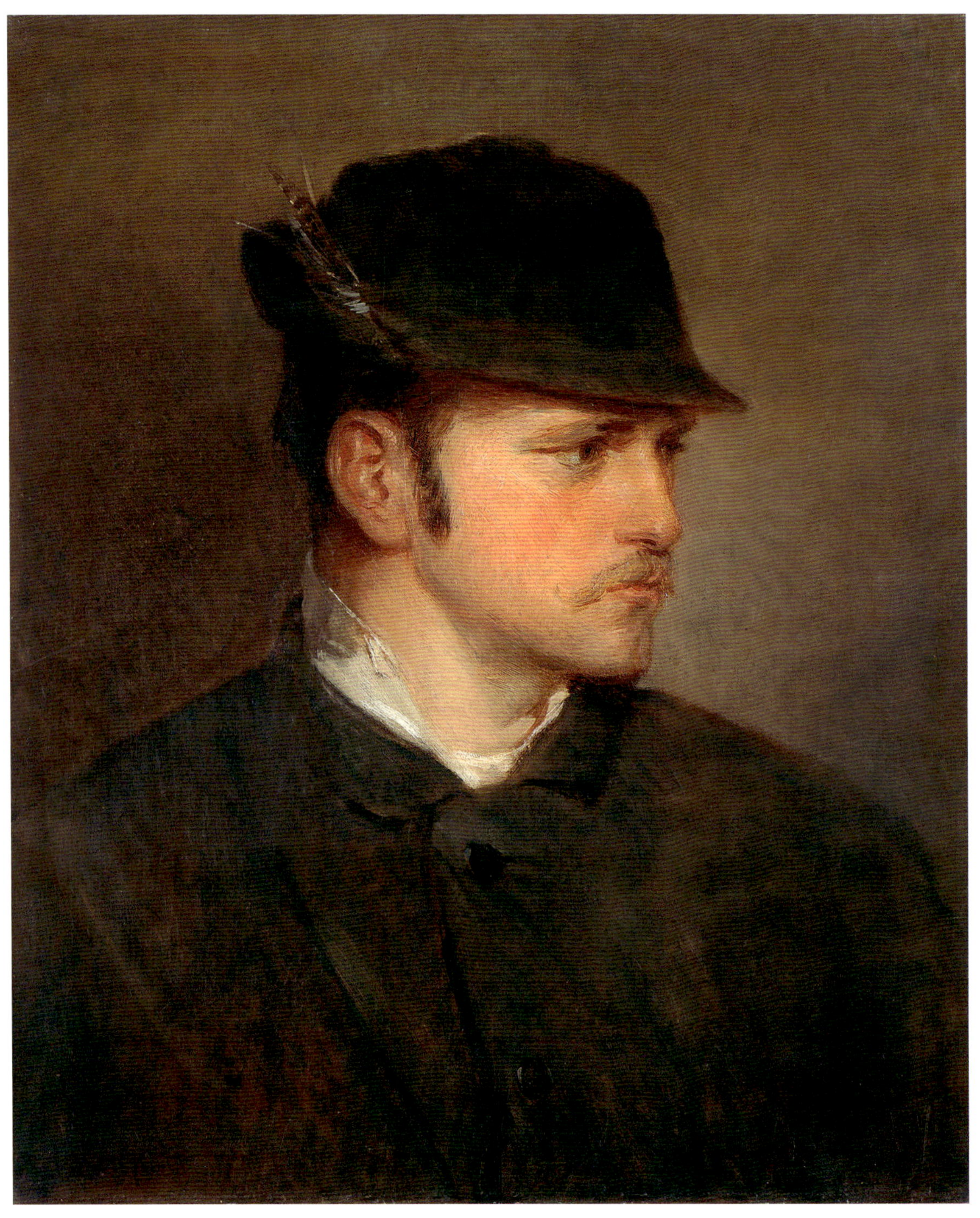

Kat. 25 Anton Burger, Porträt Nelson Gray Kinsley, um 1890, Öl auf Leinwand, 57 x 47,5 cm, Stiftung Kronberger Malerkolonie

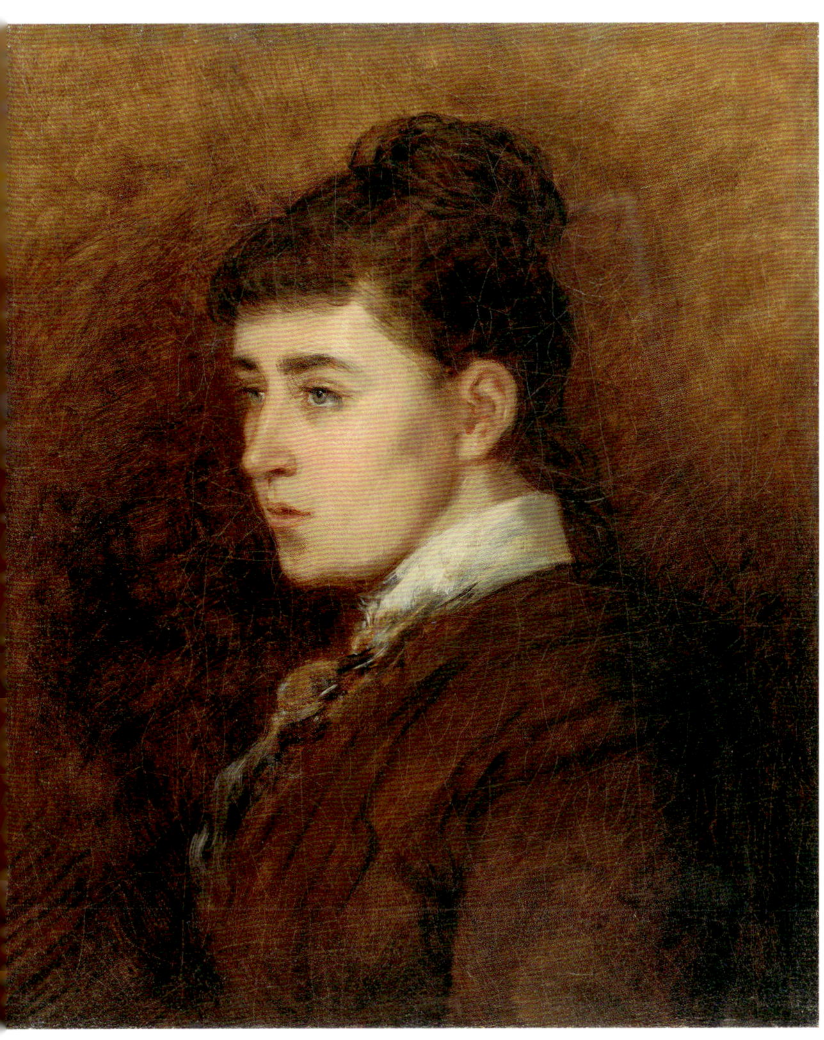

Kat. 26 Anton Burger, Porträt Louise Kinsley, um 1890, Öl auf Leinwand, 57 x 47,5 cm, Stiftung Kronberger Malerkolonie

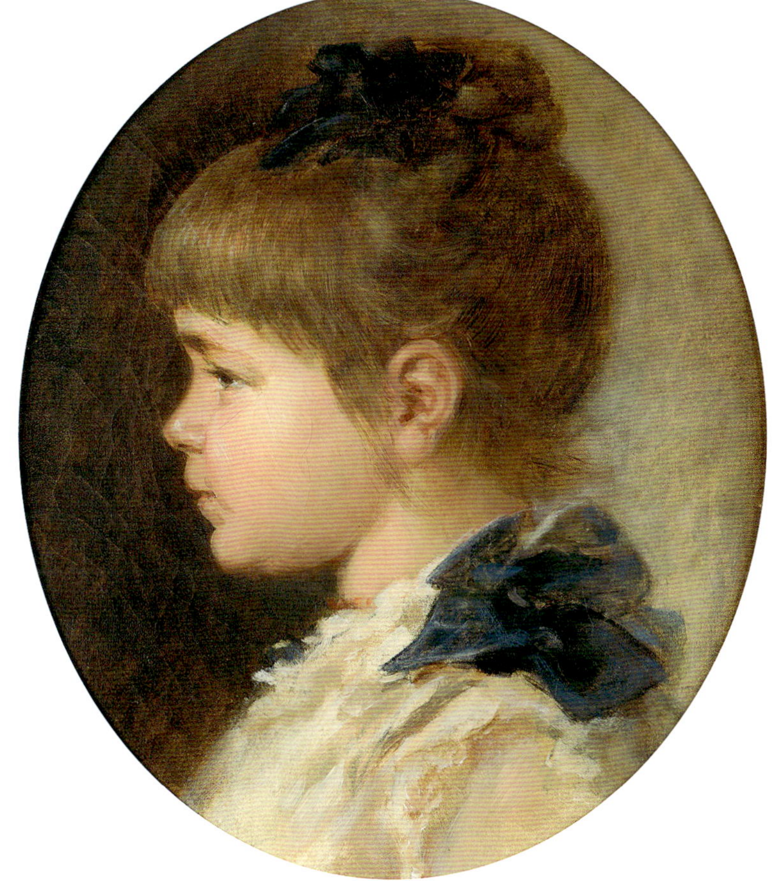

Kat. 27 Anton Burger, Bildnis Lilla Kinsley, 1889, Öl auf Leinwand, 38 x 32 cm (oval), Privatsammlung

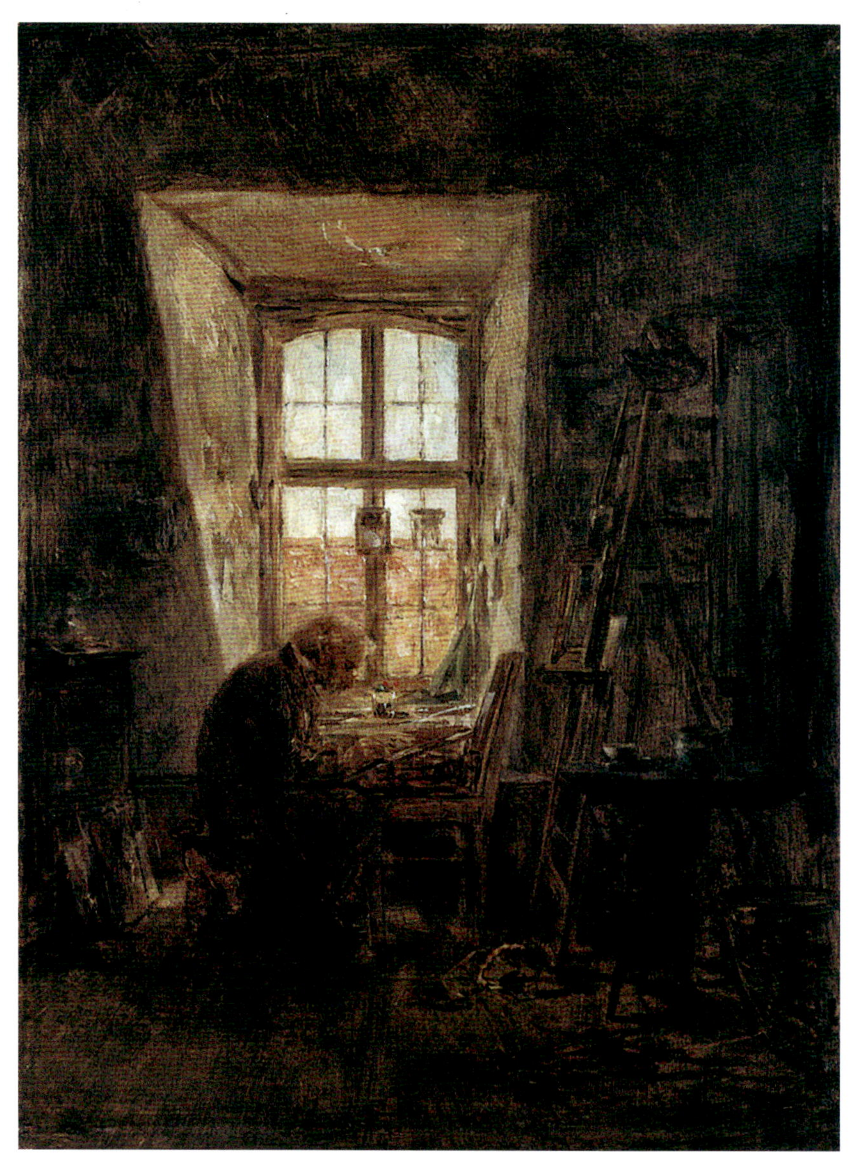

Kat. 28 Anton Burger, Dielmann, zeichnend, 1891, Öl auf Holz, 20,5 x 15,5 cm, Privatsammlung

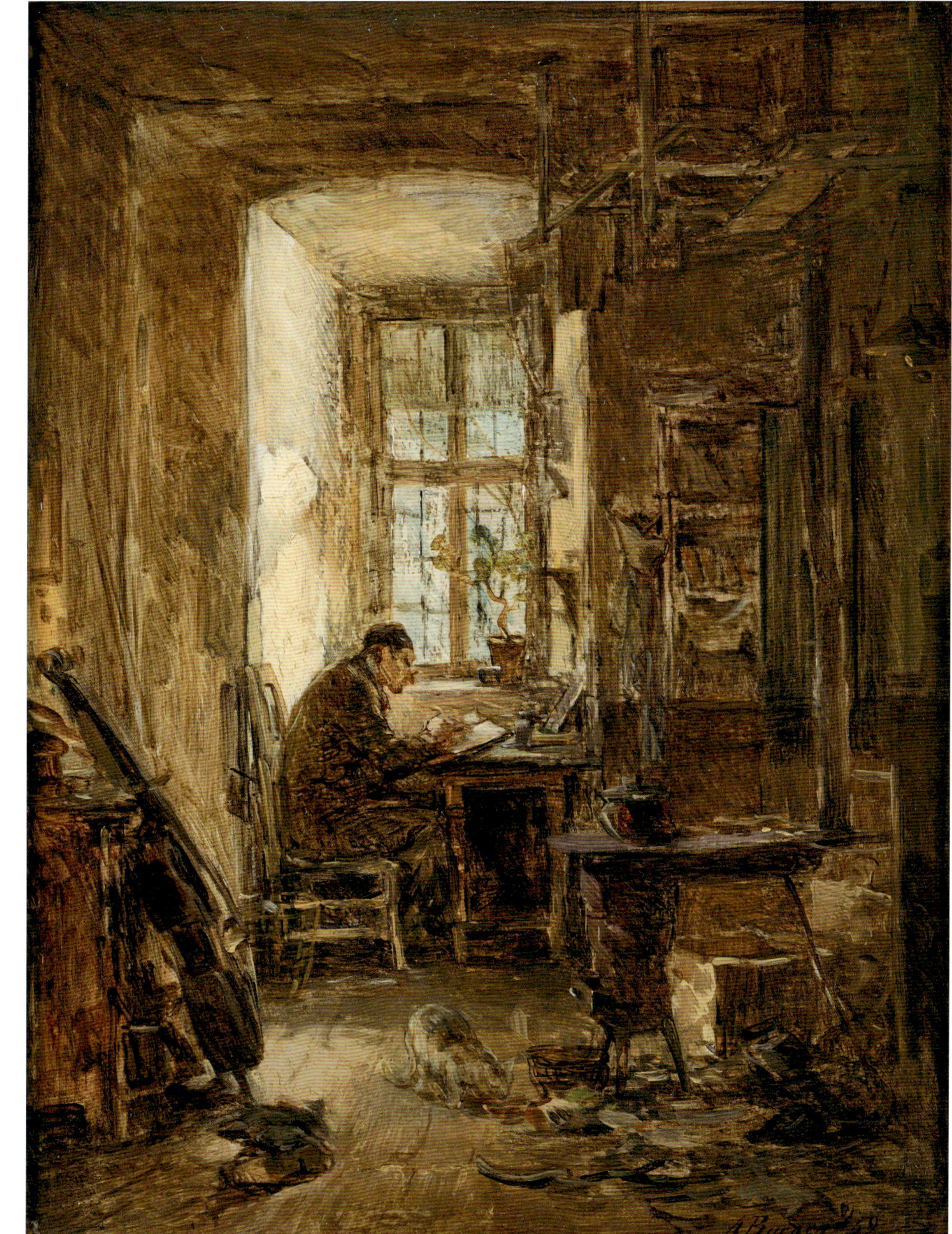

Kat. 29 Anton Burger, Der alte Lehrer auf der Kronberger Burg, um 1891, Öl auf Leinwand, 21 x 26,5 cm, Privatsammlung

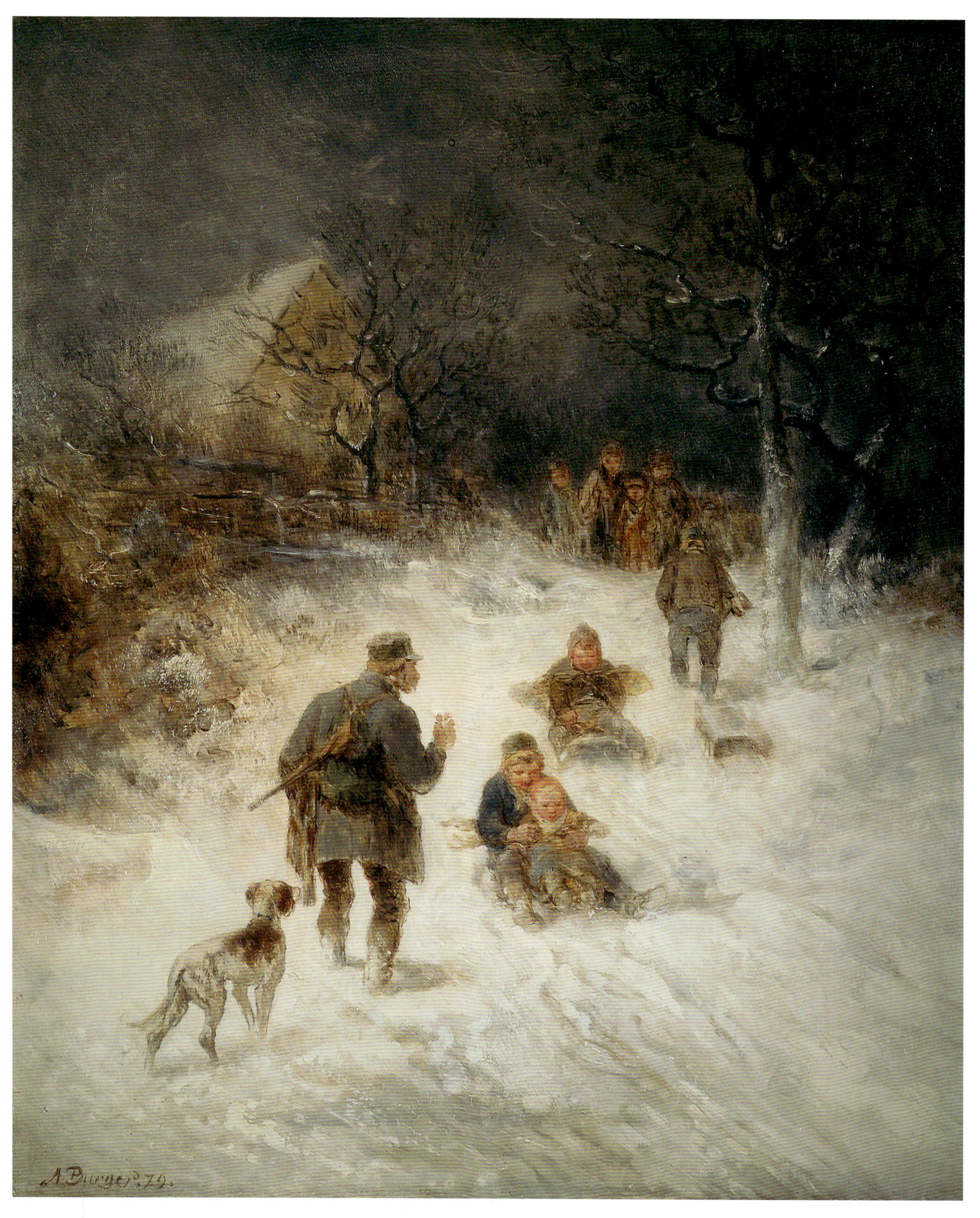

Kat. 30 Anton Burger, Schlittenpartie, 1879, Öl auf Leinwand, 47,3 x 39 cm, Privatbesitz

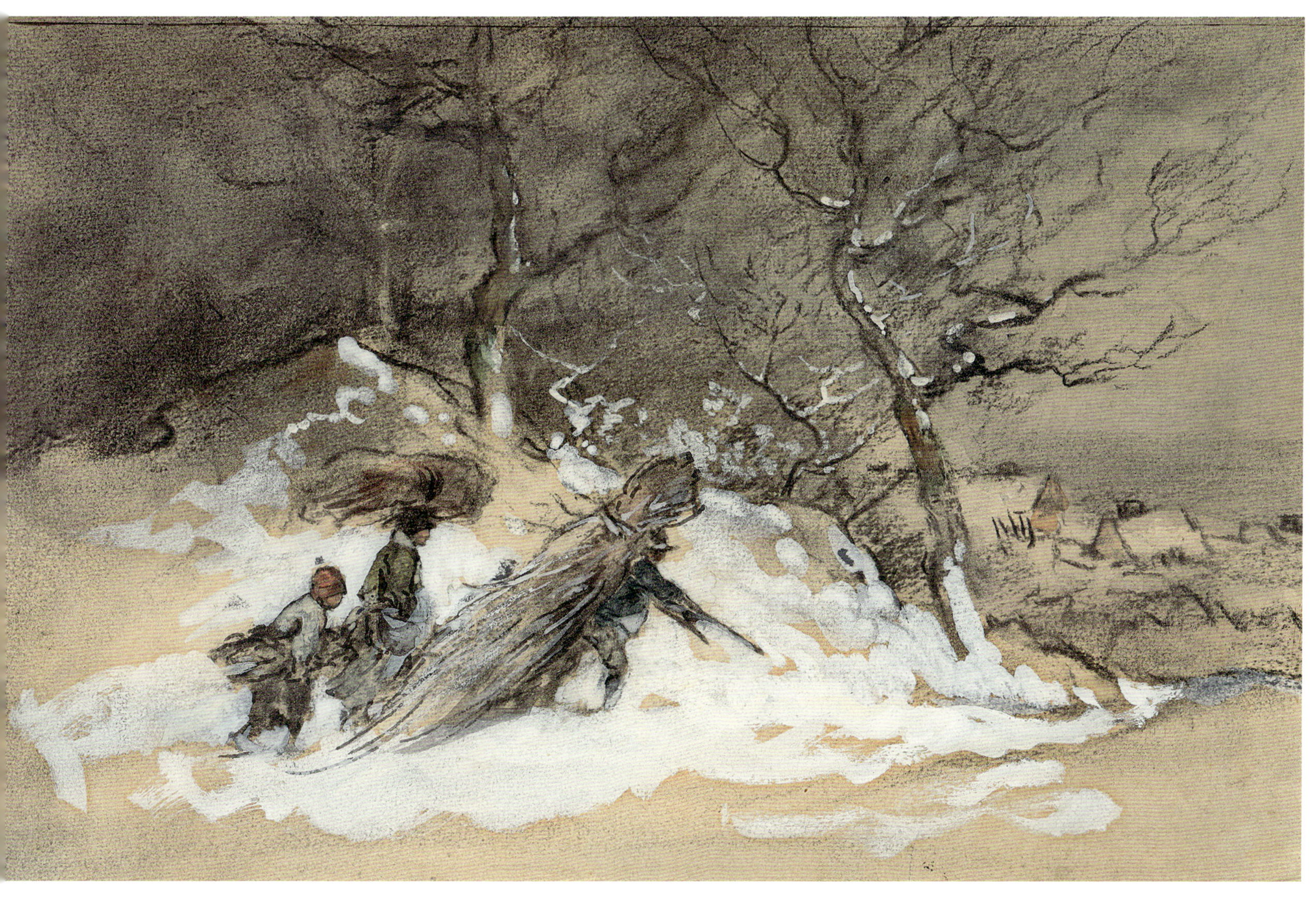

Kat. 31 Anton Burger, Reisigsammler im Winter, o. J., Kohle, aquarelliert, weiß gehöht, 18 x 28 cm, Stiftung Kronberger Malerkolonie

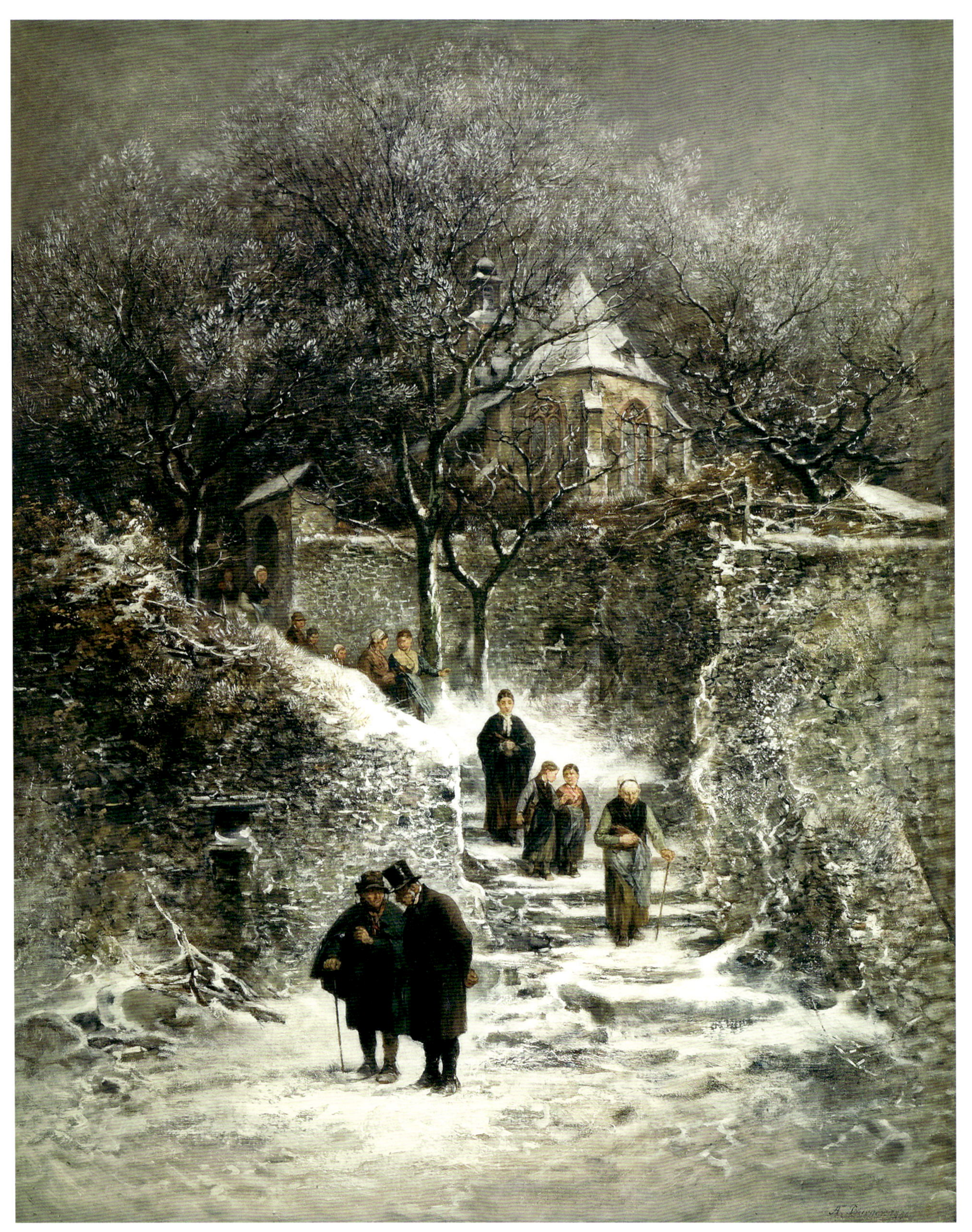

Kat. 32 Anton Burger, Nach dem Gottesdienst, 1886, Öl auf Leinwand, 102 x 81 cm, Stiftung Kronberger Malerkolonie

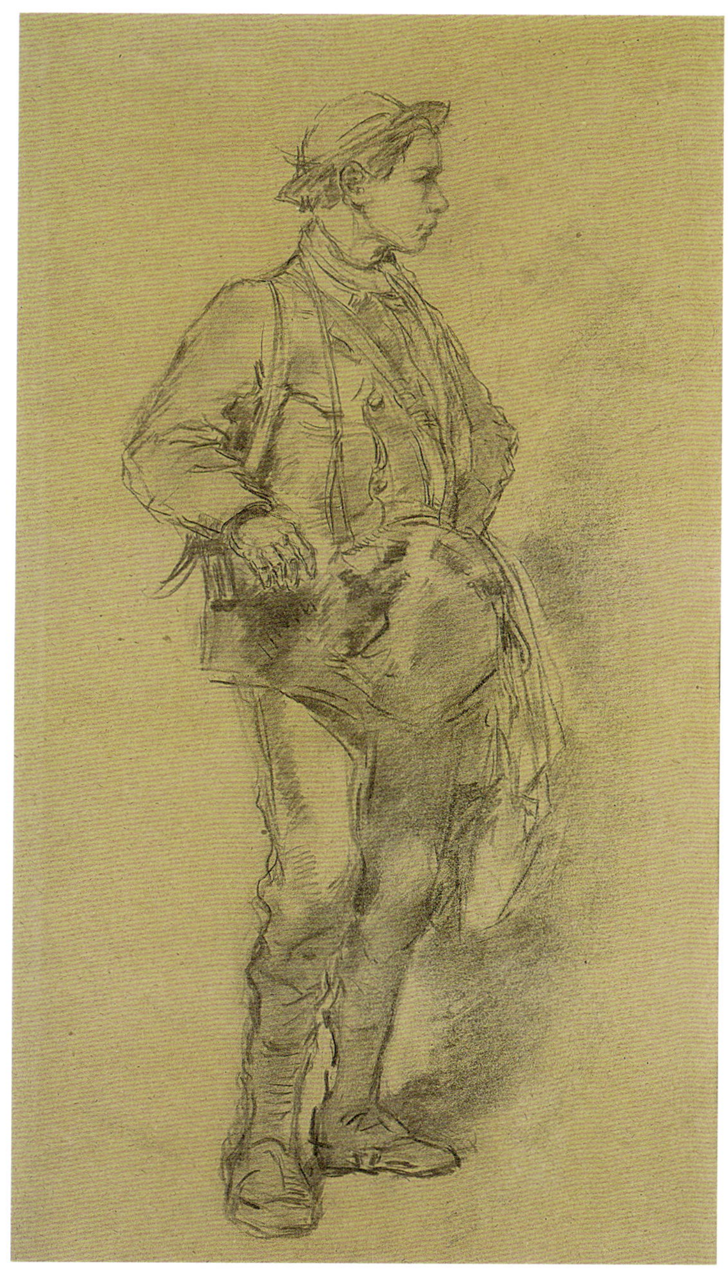

Kat. 33 Anton Burger, Stehender junger Mann, Kohle, Bleistift, 66,5 x 42,5 cm, Stiftung Kronberger Malerkolonie

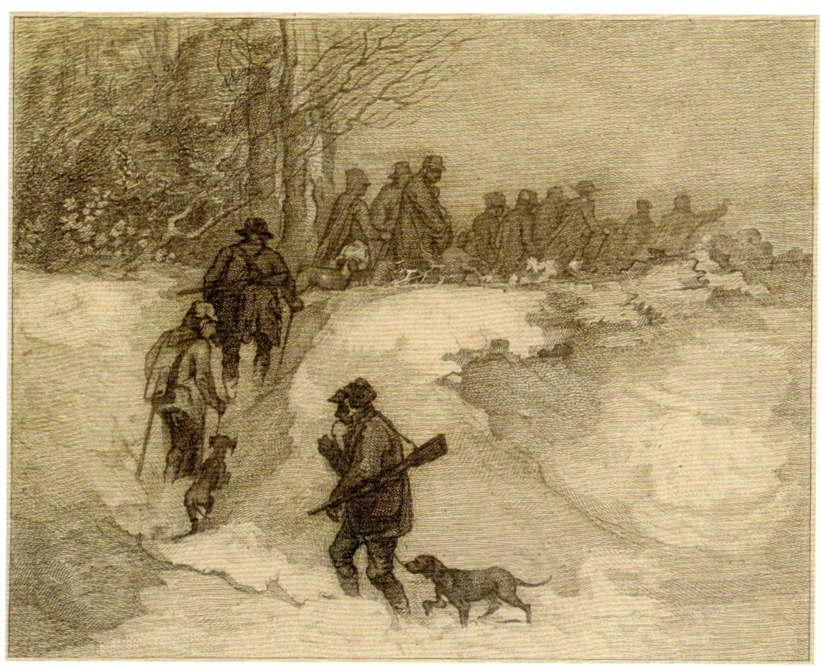

Kat. 34 Anton Burger, Auf der Jagd, Stich, 12 x 19,3 cm, Stiftung Kronberger Malerkolonie

Kat. 35 Anton Burger, Landschaft mit Jägern und bäuerlichem Gespann, Aquarell über Bleistift, 15 x 23 cm, Stiftung Kronberger Malerkolonie

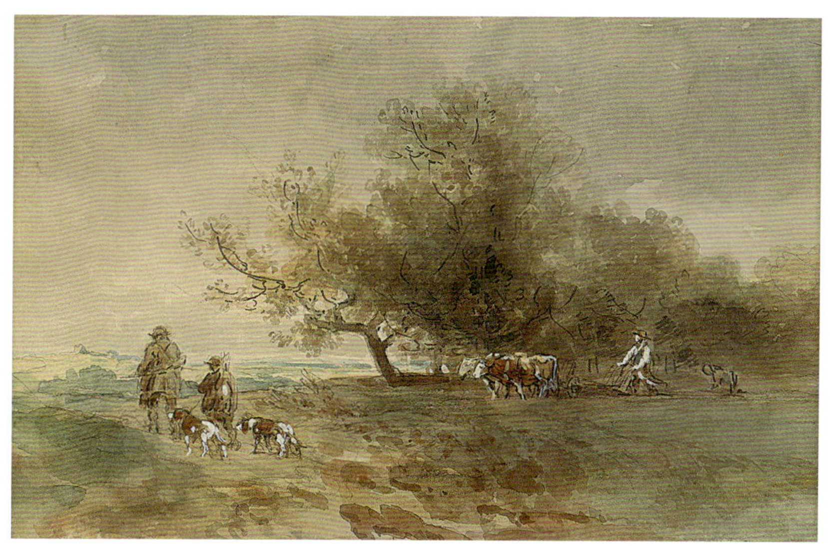

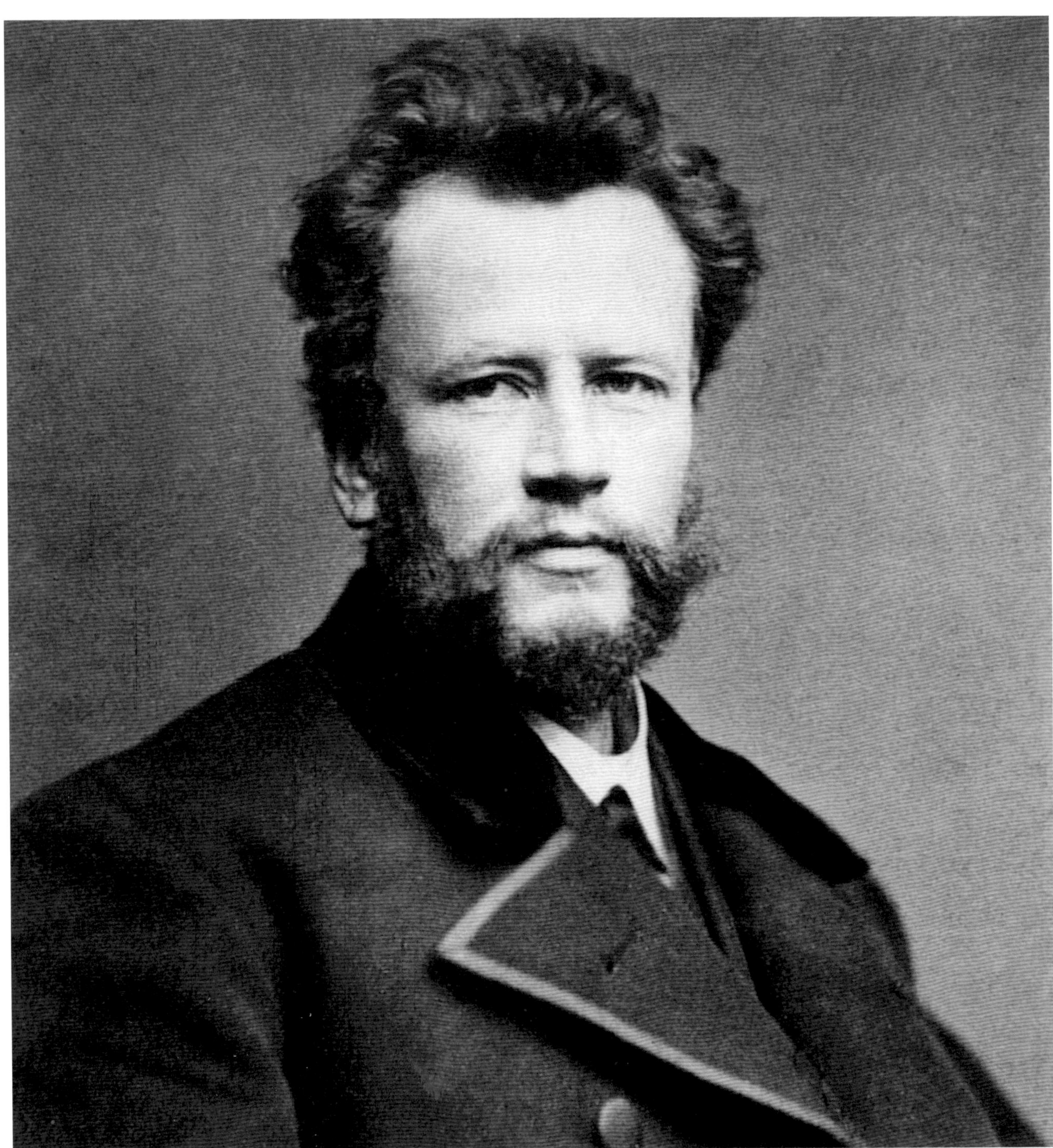

Ingrid Fricke

HUGO KAUFFMANN: Von Hamburg über Kronberg und München an den Chiemsee

Hugo Kauffmann, geboren am 7. August 1844 in Hamburg als Sohn des Genre- und Landschaftsmalers Hermann Kauffmann (1808–1889), entstammte einer bedeutenden Künstlerfamilie. Dieses reiche Erbe begleitete ihn auf seinem künstlerischen Weg und wirkte über Generationen hinweg in der Familie fort.

Schon in jungen Jahren wird sein Talent erkannt, und er erhält erste Zeichenstunden in den „Musestunden"[1] seines Vaters. Später nimmt er Privatunterricht bei den Brüdern Gensler. Im Alter von 17 Jahren, wird er 1861 Schüler von Jakob Becker (1810–1872) und Eduard von Steinle (1810–1886) am Städelschen Kunstinstitut in Frankfurt am Main.

Ab 1863 zieht er auf Rat und Fürsprache seines Vaters und um „...dem akademischen Einfluss Frankfurts zu entfliehen;"[2] nach Kronberg im Taunus. Dort knüpft er zahlreiche Kontakte in der örtlichen Malerkolonie, insbesondere zu Jacob Fürchtegott Dielmann (1809–1885) und Anton Burger (1824–1905), die beide deutlich älter waren als er. Es folgen Studienaufenthalte im Schwarzwald und an der Düsseldorfer Akademie bei Anton Zwerger.

Abb. 1 Hugo Kauffmann, Privatbesitz, Repro Anita Berger, Prien

Der damals obligatorische Blick nach Westen, mit längerem Aufenthalt in Paris in den Jahren 1868/70, führt zur intensiven Auseinandersetzung mit den modernen Bildinhalten und Sichtweisen von Gustave Courbet und Edouard Manet. Der Deutsch-Französische Krieg 1870/71 veranlasst ihn, nach Kronberg zurückzukehren, um dort freiwillig als Krankenpfleger zu dienen.

1871 übersiedelt er nach München. Sein Vater hatte dort von 1827 bis 1833 an der Akademie bei Peter von Heß studiert und ein Faible für Oberbayern entwickelt. Im noch jungen Deutschen Reich der Gründerjahre galt München als angesehene Kunststadt und bot vielversprechende Möglichkeiten, mit der Kunst ein lukratives Einkommen zu erzielen.

1872 wird er in das Schiedsgericht des 1823 gegründeten Münchner Kunstvereins berufen, und 1873 tritt er der 1868 gegründeten Münchener Künstlergenossenschaft bei.[3] Wie Julius Noerr, Josef Wenglein, Josef Wopfner und Felix Schlesinger schließt er sich der Künstlergruppe um Adolf Lier

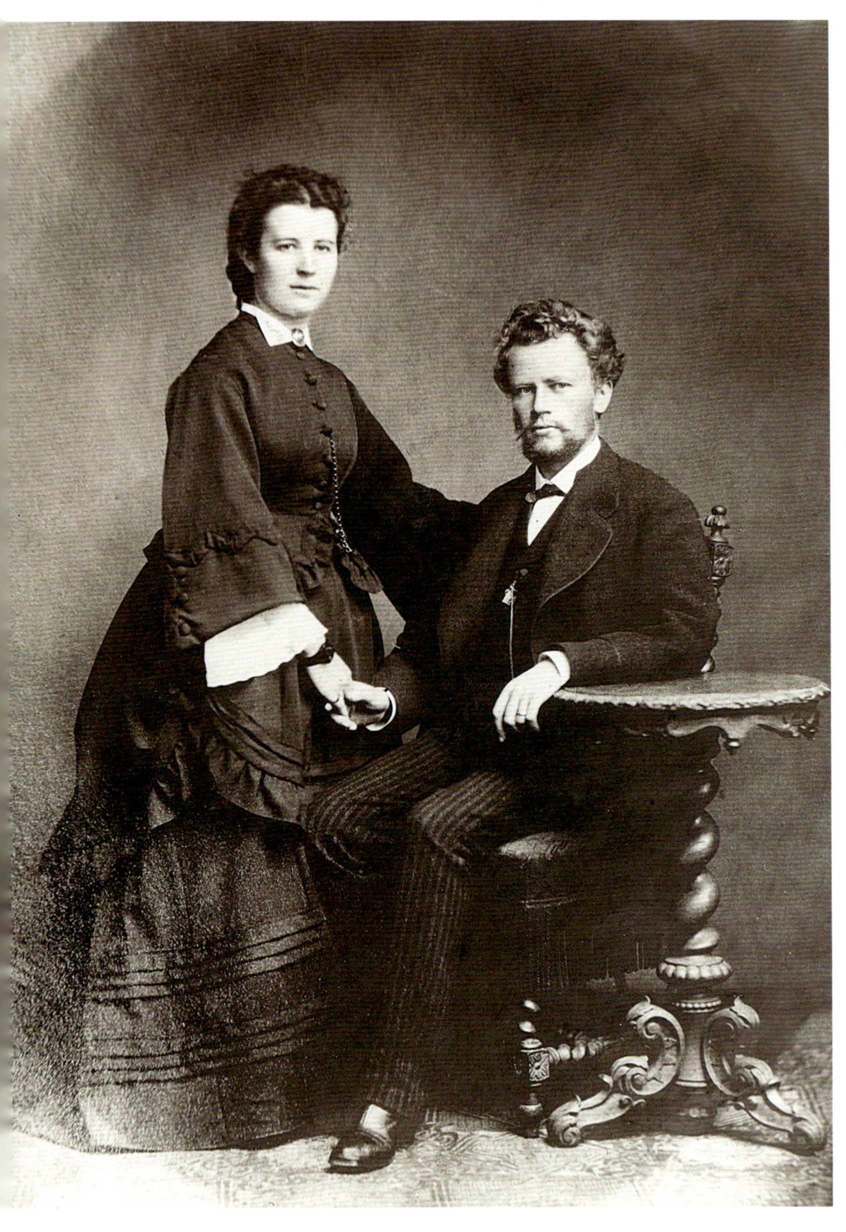

Abb. 2 Ehepaar Kauffmann, Privatbesitz, Repro Anita Berger, Prien

an. In diesen künstlerischen Kreisen kommt er 1872 zu seinem ersten Sommeraufenthalt an den Chiemsee.

Im selben Jahr heiratet er im Mai in Hamburg die Kronberger Wirtstochter Johanette Crecelius (1850–1938) und erwirbt im Herbst ein weitläufiges Grundstück im Priener Ortsteil Gries, das er über die Jahre zu einem feudalen Landsitz für seine Familie ausbaut.

Zahlreiche Ausstellungsbeteiligungen und Veröffentlichungen in weit verbreiteten Zeitschriften steigern seine Bekanntheit erheblich. Seine Bildthemen, sein Humor und sein Malstil machen ihn zu einem der gefragtesten Genremaler seiner Zeit im süddeutschen Raum. Neben seinen Ölbildern in vielen Variationen veröffentlicht er erfolgreich mehrere grafische Zyklen, die Reproduktionen seiner Federzeichnungen sowie Verse in oberbayerischer Mundart von Karl Stieler enthalten.

Er pflegt nachdrücklich seine Verbindungen zu München, insbesondere zum Kunsthandel, zum Ausstellungswesen und zu den Kunstvereinen. Neben seinem Landsitz in Prien besitzt er in München zwei weitere Häuser, in der Brienner Straße und in der Rottmannstraße. 1898 erwirbt er eine eigene Jagd in Günzenhausen, wo zahlreiche Bilder von Land und Leuten der Dachauer Gegend entstehen.

Hugo Kauffmann war einer der ersten Künstler mit einem zweiten Wohnsitz am Chiemsee. Er fühlte sich der Region und ihren Menschen tief verbunden, führte ein geselliges Leben, und alle seine acht Kinder wurden hier geboren. Nach einem erfolgreichen Leben im Zeichen der Kunst verstarb er am 30. Dezember 1915 in Prien im Alter von 71 Jahren. Sein Grab befindet sich im alten Teil des Münchner Waldfriedhofs.[4]

KÜNSTLERISCHE LEHRJAHRE

Der Briefwechsel Hermann Kauffmanns mit dem europaweit agierenden Frankfurter Kunsthändler und Inspektor des Kunstvereins Georg Ludwig Kohlbacher (1826–1894), einem wichtigen Mentor und Berater in Sachen Kunstmarkt, erweckt den Eindruck, die beiden Kunstfreunde sehen mit Wohlwollen auf die Entwicklung des jungen Hugo Kauffmann. Beide sind überzeugt von seinem Talent und beurteilen jeweils gemeinsam seine Fortschritte.

„Hugo hat mir zwei kleine Bilder zur Ansicht gesandt und ich finde Dein ausgesprochenes Urteil vollständig richtig ... es ist für einen jungen Mann auffallende Sicherheit darin und ich glaube Dir, daß er viel begreifen wird. Da aber nach einer anderen Richtung, das Seelenleben betreffend hin, dieselbe Entwicklung noch nicht zu Tage gekommen, so möchte ein Ortswechsel am Ende des Sommers wohl der geratenste Weg sein, ihn in seinen Bestrebungen zweckmäßig zu fördern."[5]

Auf den Rat des Vaters, der den künstlerischen Weg seines Sohn mit freundlicher Anteilnahme, gebotenem Fingerspitzengefühl und aus der Sicht des Routiniers begleitet, begibt sich der 20-jährige zur weiteren Arbeit an seiner künstlerischen Qualität nach Kronberg im Taunus.

Er solle „mit Bescheidenheit und doch bewußt seinen Weg verfolgen...", dort eine selbständige Anschauung entwickeln und sich spezialisieren, was „das wirkliche und wahre sowie auch die Existenzfrage betreffend günstigste ist...".[6] Gemeint war offenbar die Genremalerei nach hochgeschätzten Vorbildern wie Benjamin Vautier (1829–1898), Ludwig Knaus (1829–1910) und Wilhelm Alexander Meyerheim (1815–1882) und in der „ächtesten künstlerischen Auffassung..."[7]

Seine künstlerische Entfaltung erfolgt in Kronberg in enger Zusammenarbeit mit Anton Burger. Trotz des Altersunterschieds und des Lehrer-Schüler-Verhältnisses verstehen sie sich gut, teilen eine tiefe Naturverbundenheit und die Leidenschaft für die Jagd.[8] Die Malerkolonie Kronberg im Taunus ist eine wichtige Station der Ausbildung Hugo Kauffmanns und bringt ihm die von Burger hochgeschätzte Tradition der niederländischen Genremalerei im Stil von Adriaen Brouwer und Adriaen van Ostade näher.[9] In dieser Zeit entstehen Werke wie „Die Kartenleserin" (Kat. 36) und „Jäger in der Küche" (Kat. 38), die den dunklen Galerieton der niederländischen Vorbilder widerspiegeln.

Nach der entscheidenden Festigung seiner künstlerischen Basis und Persönlichkeit im Austausch mit Anton Burger und Johann Fürchtegott Dielmann, während der er seine Fähigkeiten vervollkommnet, empfiehlt ihm sein Vater, nach Paris zu gehen – ein unverzichtbarer Schritt für eine künstlerische Ausbildung in jener Zeit. Mit Malerfreunden aus Kronberg teilt er sich Wohnung und Atelier in Paris.[10] Er zeigt sich tief beeindruckt von der französischen Kunst, ohne dabei seine Eigenständigkeit zu verlieren. Neue Motive halten Einzug in sein Werk und zeigen in Farbgebung und Malweise französische Einflüsse. Zugleich bleibt er seinem erlernten Stil treu und malt weiterhin Genre-Szenen mit geübter Hand.

GLANZ DER RESIDENZSTADT MÜNCHEN ZUR ZEIT HUGO KAUFFMANNS

Die Regierungszeit König Ludwigs II. (1864–1886), die Gründerjahre und die Gründerkrise, die Industrialisierung und der Strukturwandel, Münchens Aufstieg zu einer Großstadt und zu einer Kunstmetropole in der Regierungszeit

Prinzregent Luitpolds (1821–1912) – all dies prägte Hugo Kauffmanns Bild von Bayern.

Es war eine Epoche des Aufbruchs und wirtschaftlichen Aufschwungs, des technischen Fortschritts, des Bevölkerungswachstums, zugleich aber auch geprägt von Gegensätzen im Spannungsfeld von Tradition und Moderne in fast allen Lebensbereichen – auch in der Kunst.[11] München hatte in der 2. Hälfte des 19. Jahrhunderts eine enorme Anziehungskraft; viele Künstler zog es hierher, der Konkurrenzdruck war dementsprechend hoch und die Lebenshaltungskosten ebenfalls.[12]

Auch in Prien blieb die Zeit nicht stehen; der Ort veränderte sich langsam, aber stetig. 1886 ist das entscheidende Jahr in der Entwicklung Priens zum touristischen Zentrum am

Abb. 3 Prien um1900, Archiv Foto Berger

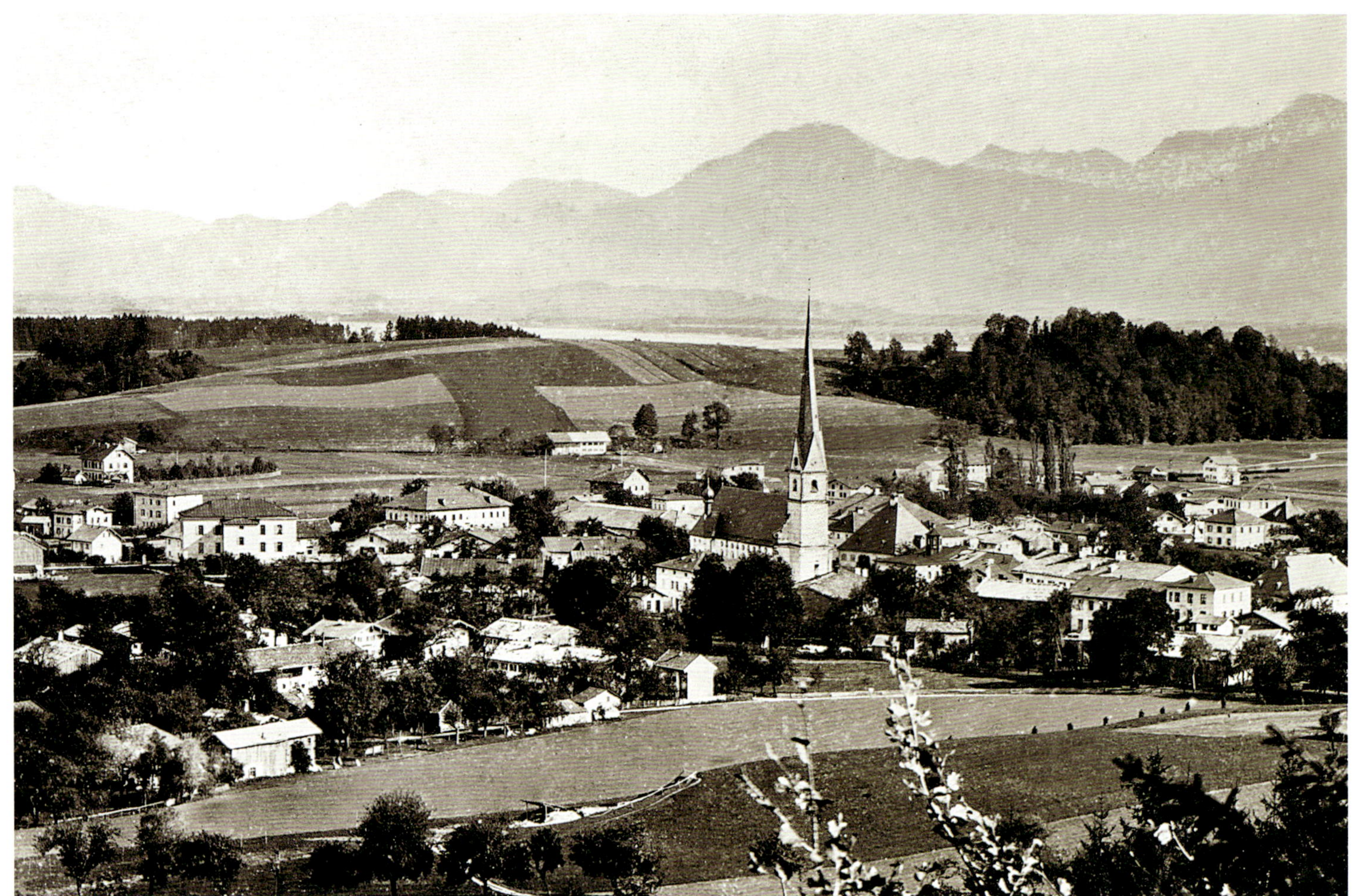

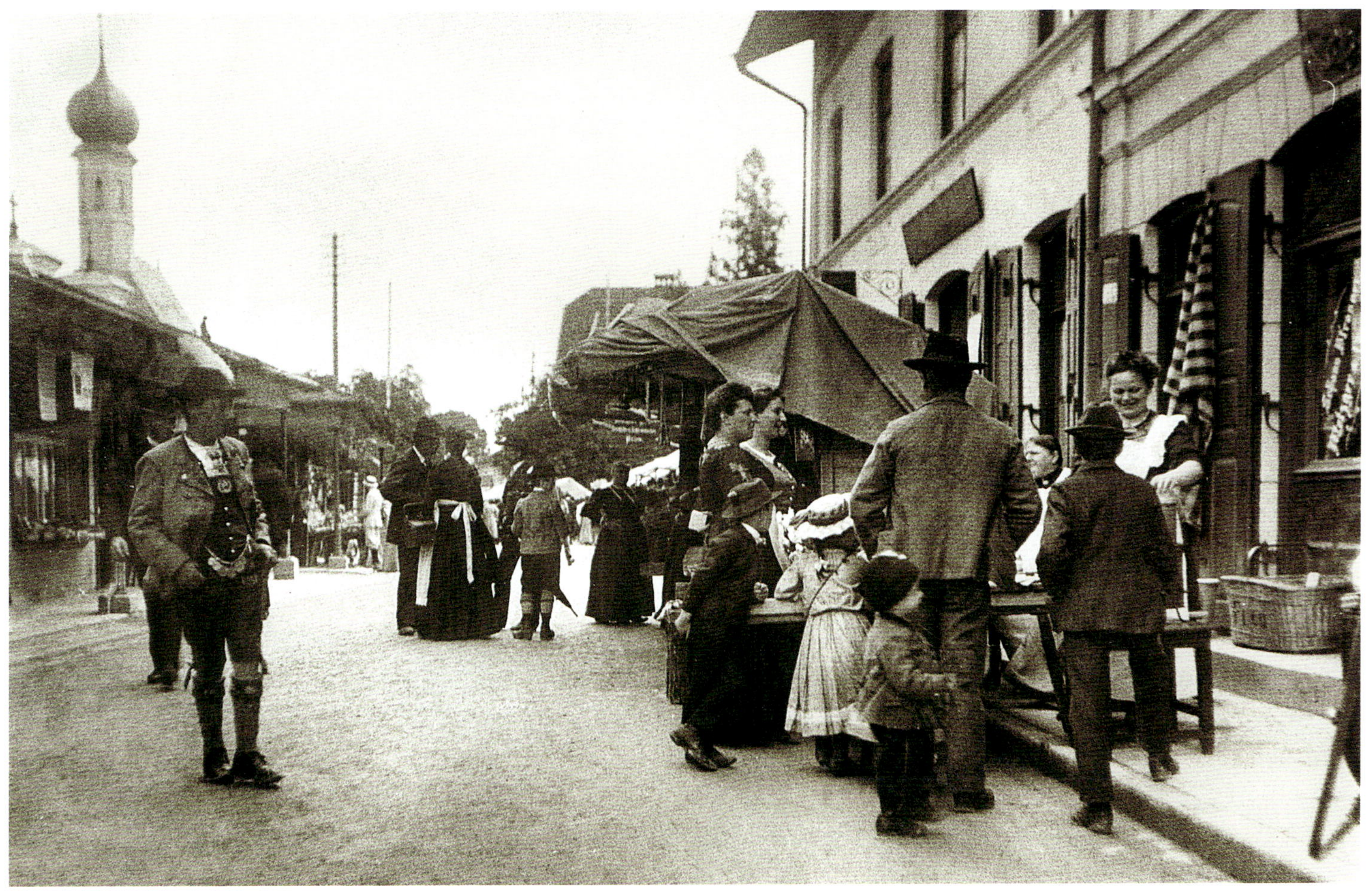

Abb. 4 Prien um 1900, Archiv Foto Berger

Chiemsee. Prinzregent Luitpold lässt nach dem Tod Ludwigs II. das Schloss Herrenchiemsee der Allgemeinheit öffnen. Um den wachsenden Besucherandrang zu bewältigen, stellte man 1887 den Schaufelraddampfer „Luitpold" mit einer Kapazität von 500 Personen in Dienst. Im selben Jahr nahm auch die heute noch bestehende Chiemseebahn ihren Betrieb auf. Zudem leitete die Gemeinde weitere Infrastrukturmaßnahmen wie die Kanalisation des Oberflächenwassers, die Elektrifizierung und die Einführung einer geregelten Müllabfuhr ein. 1897 wird das Pfarrdorf zum Markt erhoben und zählte um 1900 bereits 2000 Einwohner. Trotz zunehmender Modernisierung bewahrte der Ort sein ländliches Flair.

Der Glanz der Residenzstadt München mit ihrer vielfältigen Kunstszene beeinflusste die künstlerische Entwicklung am Chiemsee in wechselseitigem Austausch. Dieser Austausch wurde von Künstlerpersönlichkeiten wie Hugo Kauffmann sowie zahlreichen berühmten Zeitgenossen wie Karl Raupp

(1837–1918) und Josef Wopfner (1843–1927) getragen, die ebenfalls vom Chiemsee und seiner landschaftlichen Schönheit angezogen wurden.

KÜNSTLER IN DER SOMMERFRISCHE

Maler und Dichter waren die Entdecker der Landschaft am Chiemsee. Sie erkannten ihren unvergleichlichen Wert, prägten mit ihren Bildern idyllische Vorstellungen nicht nur vom reinen Maler-Dasein und wurden so zu frühen Förderern des Tourismus. Sie weckten das Verlangen, selbst die landschaftliche Schönheit zu erleben und auf künstlerischen Reisewegen ihnen nachzueifern. Ab 1860, als die Bahnlinie München-Salzburg mit einer Station in Prien eröffnet wurde, entwickelte sich insbesondere die Fraueninsel im Chiemsee im Sommer zunehmend zu einem übervölkerten Malerparadies. Diese Zeit markierte die Blüte der Künstlerkolonien, die durch ihren unmittelbaren Zugang zur Natur, ihre realistische Darstellung und ihre Abkehr von der klassizistischen Malweise an der Akademie geprägt waren. Anstelle der großangelegten Ideallandschaften und der Historienmalerei traten atmosphärische, intime Landschaftsausschnitte und die Genremalerei. Die Sommerfrische war damals ein Sommervergnügen und Statussymbol für Städter. Familien aus der Stadt, oft zusammen mit ihren Dienstboten, verbrachten einige Wochen des Sommers entweder in einem eigenen Sommersitz oder in einer privaten Unterkunft im Münchner Umland. Sie suchten Ruhe und Erholung in der ländlichen Umgebung, schätzten die Seen- und Bergwelt sowie die unberührte Natur als Gegensatz zur Zivilisation und Industrialisierung der Städte. [13]

„Um 1900 herum kannte man in München das „Wochenende" überhaupt noch nicht. Man wartete einfach solide auf die Ferien und hatte nun je nach Geschmack und Geldbeutel die Wahl, entweder mit Kind und Kegel eine Reise in die Sommerfrische zumachen oder sich irgendwo in der Nähe unserer lieben Stadt an einem schönen See aufs Land zu setzen oder gar da draußen im Voralpenland ein Haus, einen alljährlich benutzten Sommersitz zu gründen, also sommerseßhaft zu werden, ..."[14]

BEGRÜNDER DER FILIATION PRIEN ALS TOCHTERKOLONIE DER FRAUENINSEL

Karl Haushofer beschreibt in seinem Artikel von 1886 zu „Sommerfrischen Münchner Künstler" den Ort Prien als nicht direkt am See gelegen. „Doch ist der stattliche Markt reich an Gelegenheit zu dauerndem Aufenthalt, an prächtigen Spaziergängen; das waldige, stellenweise tief eingeschnittene Thal der Prien birgt in dem vielfach gegliederten Hügellande, welches von hier gegen Aschau sich erstreckt, eine Fülle reizender Bilder. Deßhalb und weil es die besten Verkehrsmittel besitzt, ist Prien seit längerer Zeit der besuchteste Ort in der Nachbarschaft des Sees und wohl dazu angethan, auch den Künstler anzuziehen. Hält doch Meister Hugo Kauffmann seit Jahren seine Villegiatur."[15]

Ein Sommersitz am See und an den Bergen, zudem verkehrsgünstig zur Großstadt München gelegen – genau dies entsprach Hugo Kauffmanns Vorstellung von seinem Leben als Künstler in Bayern. Die viel gerühmte Fraueninsel im Chiemsee wäre ihm dabei viel zu klein gewesen.

Künstlerlandschaften entwickeln sich über viele Jahrzehnte. Eine unbedingte Voraussetzung hierfür ist die Bildung von Filiationen der jeweiligen Mutterkolonie, nach dem Vorbild bedeutender Künstlerkolonien wie Barbizon, Worpswede und Ahrenshoop.[16]

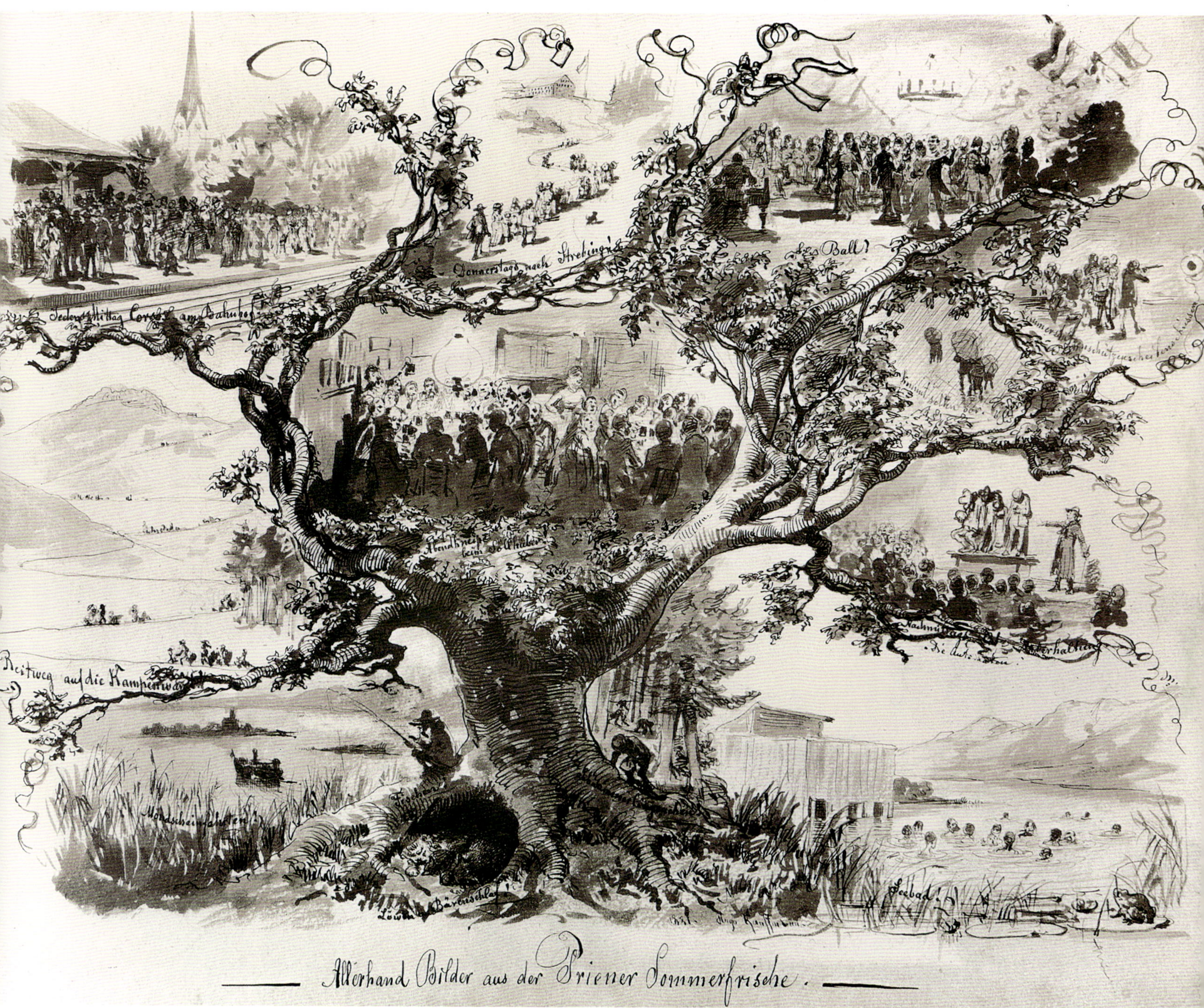

Abb. 5 Hugo Kauffmann: Allerhand Bilder aus der Priener Sommerfrische, Chronik der Bären und Löwen, Heimatmuseum Prien

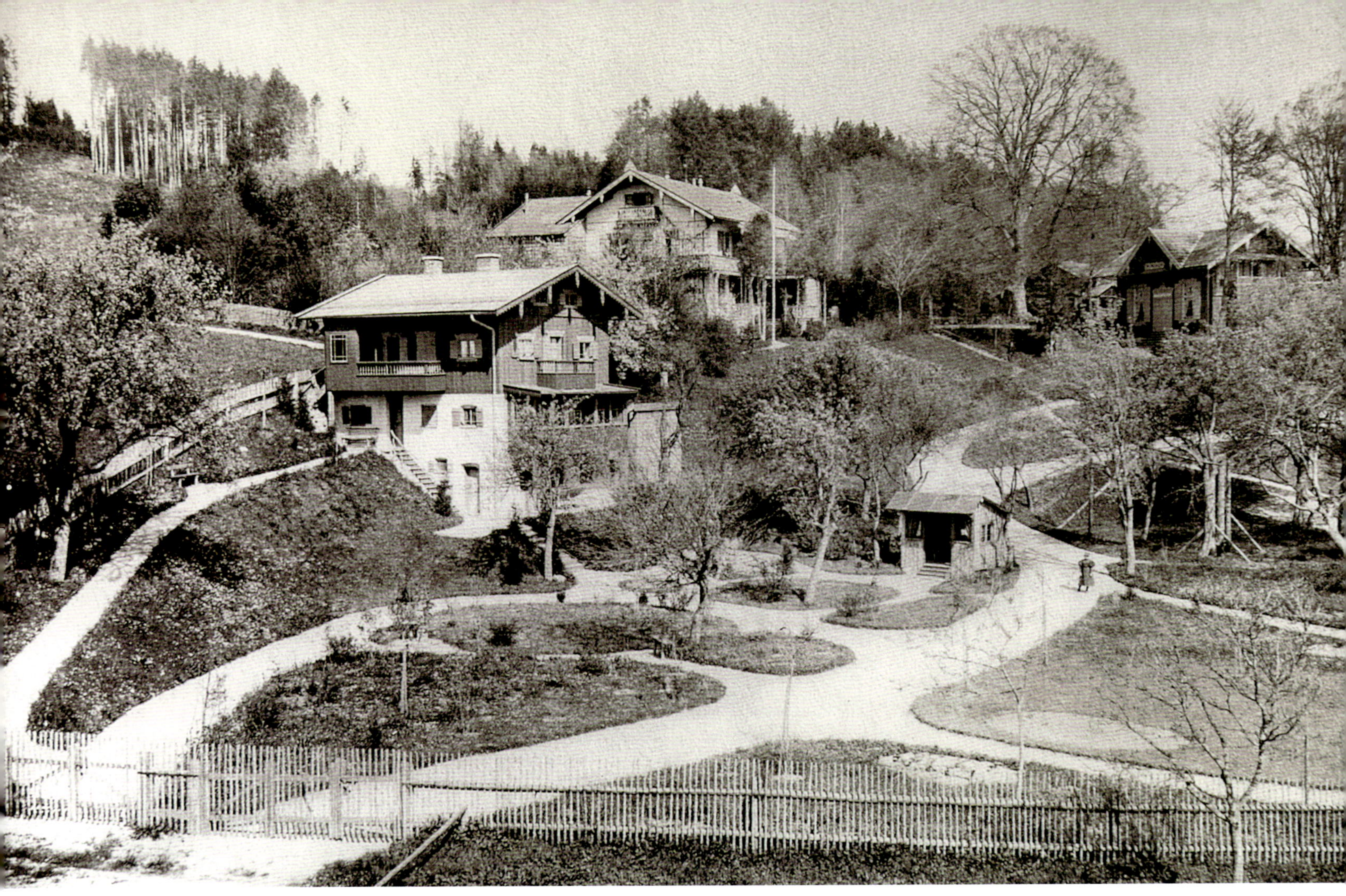

Abb. 6 Hugo Kauffmann, Sommersitz in Prien um 1900, Repro Anita Berger, Prien

Mit seinem Entschluss sich in Prien niederzulassen, einer Entscheidung von großer Tragweite für sein ganzes Leben und das seiner Familie, wird er zum Begründer der Tochterkolonie der Fraueninsel im Chiemsee, der Filiation in Prien.[17]
1872 erwirbt er ein 1 Hektar großes Grundstück im Priener Ortsteil Gries, „ein Besitzhum ... auf einer südöstlichen Anhöhe mit unverbaubarer Aussicht ...“[18] und baut es über die Jahre zu einem feudalen Landsitz mit zwei Haupthäusern aus. Zur weiteren Ausstattung gehörten ein Ökonomiegebäude mit Stall, Remise und Wohnung, ein Gartensaal mit Galerie, Orchester und „vorzüglichem“ Eiskeller, eine heizbare Kegelbahn, ein Waldstück, ein Fischwasser an der Prien mit eigenem Steg, circa 100 vorzügliche Arten von Obstbäumen

und eine Schiff- und Badehütte am Chiemsee mit 2 Schiffen. Das Anwesen hatte neben einer eigenen Quelle Anschluss an die Hochdruckwasserleitung des Ortes und war 1895 „canalisirt, der Zustand vorzüglich“![19] Ein Familiensitz mit genug Platz für ein geselliges Leben mit vielen Gästen und gleich in den Jahren 1873/74 ein sicherer Rückzugsort zur Zeit der letzten großen Choleraepidemie in München.

„BÄREN UND LÖWEN“ 1855–1897 – EIN GESELLIGES LEBEN

Das gesellschaftliche Leben und die Freizeitgestaltung in der Sommerfrische am Chiemsee waren überaus attraktiv und abwechslungsreich.

1855 gründete sich unter dem Namen „Bären und Löwen“ ein geselliger Kreis aus Künstlern, angesehenen Persönlichkeiten und befreundeten Sommergästen, dem sich Hugo Kauffmann und auch sein Vater Hermann Kauffmann, der ab 1873 regelmäßig die Sommer bei seinem Sohn verbrachte, anschlossen. Eine humorvolle, aufgeschlossene Gesellschaft, geprägt von Lebensfreude und Geselligkeit, denn Hugo Kauffmann malte nicht nur Genre, er lebte es auch in vollen Zügen!

Man verbrachte die Früh- und Abendschoppen in gastlicher Runde, veranstaltete Feste, Seefahrten, Konzerte und Vorträge, machte gemeinsame Ausflüge und Kutschpartien und traf sich gerne bei Hugo Kauffmann zum „Kegelscheiben“,[20] dort in seiner Villa am Gries, wo zur Zeit der Sommerfrische regelmäßig die bayerische und die Hamburger Fahne wehten.[21]

Unter dem Namen „Bären und Löwen“ hatten sie sich zusammengetan. Die „Bären“ waren die Verheirateten, die jungen Leute gehörten zu den „Löwen“. Ihr Stammsitz, ihre „Bärenhöhle“ war der Bruckenwirt am Gries (Abb. 8), bei der allseits geschätzten Wirtin und „Bären- und Löwenwärterin“ Ursula Söllhuber.[22]

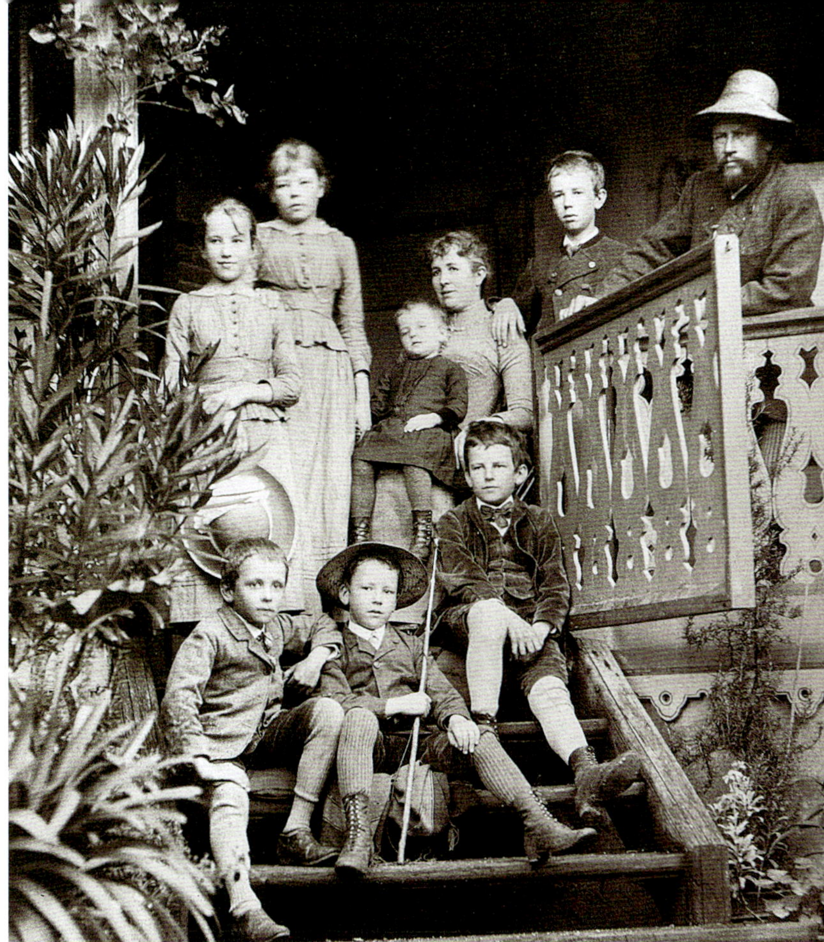

Abb. 7 Familie Kauffmann am Sommersitz in Prien um 1890, Privatbesitz

1880 entstand eine reich bebilderte Chronik „... von dem uralten Orte Prien wie solches noch eine arge Wüstenei anno 1855 (von Professor Andreas Buchner, Anm. d. Verf.) entdeckt wurde ...“[23]

Im „Verzeichnuß der lobwerth Herrn Bären und Löwen“ trugen sich die Künstler Hermann Kauffmann, Max Hauschild,

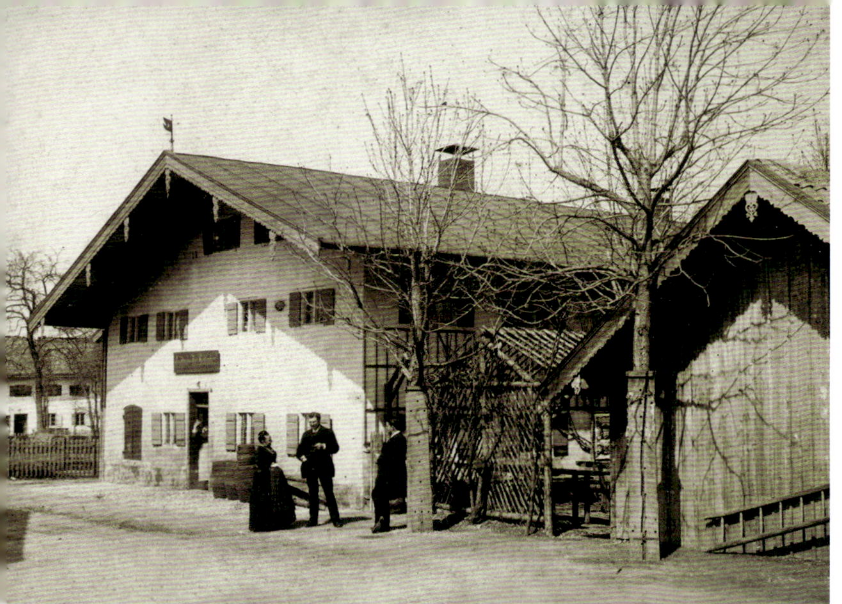

Abb. 8 Die Söllhuber Wirtschaft im Gries, um 1890, Archiv Foto Berger

Julius Frank, Felix Schlesinger, Hugo Kauffmann, Carl Buchner, Carl Roux, Julius Noerr und Gabriel Hackl ein.

Viele der Sommergäste kehrten alle Jahre wieder und zeichneten sich durch eine große Ortstreue aus. So erfahren wir aus der Chronik in Versen die amüsante Geschichte des oben genannten Münchner Universitätsprofessors Andreas Buchner, einem Mann der ersten Stunde, der alljährlich ab 1855 über viele Jahrzehnte mit der ganzen Familie zur Sommerfrische nach Prien kam.

Mit einer prächtigen, detaillierten Zeichnung zu „Allerhand Bildern aus der Priener Sommerfrische" (Abb. 5) veranschaulichte Hugo Kauffmann die Umtriebe und Unternehmungen der Gruppe und verewigte sich in dieser Chronik mit einer bildreichen Erinnerung an die „gute alte Zeit". Nach dem Tod der Wirtin und aufgrund geänderter Verhältnisse endete 1897 die Geschichte der heiteren Gesellschaft der „Bären und Löwen" in Prien.[24]

THEMEN, MOTIVE UND GESTALTUNGSPRINZIPIEN

„Während die an der Wasserkante geborenen Künstler im Allgemeinen sich den Motiven der See und ihrer Umgebung zuwenden, machten Hugo Kauffmann und sein Vater Hermann Kauffmann eine Ausnahme davon."[25]

Hugo Kauffmanns Bildthemen und Motive feiern die bayerische Lebensart und Wirtshauskultur. Die Kirche war das religiöse Zentrum, doch gleich daneben stellte das Wirtshaus den gesellschaftlichen Mittelpunkt der Dorfgemeinschaft dar. Hier diskutierten die Stützen der Gesellschaft. Die Sammlung Abé, der die gezeigten Bilder entnommen sind, präsentiert viele Geschichten zum unerschöpflichen Thema Wirtshaus und seiner menschlichen Seite. Die von Kauffmann gewählten Motive zeigen, womit man sich dort, neben dem Biertrinken, beschäftigte: Man spielte Karten – Tarock war oft ein hitziges Vergnügen – oder versuchte sich beim Damespiel, wobei man den Gegner aufmerksam über den Brillenrand hinweg musterte. Diskussionen, Zeitungslesen und Meinungsbildung – all das fand im Wirtshaus statt. Als gebürtiger Hamburger hatte Hugo Kauffmann seine Ausbildung am Städel und in Kronberg erhalten und sich im Laufe der Jahre zu einem wichtigen Vertreter der Münchner Schule und ausgewiesenen Kenner oberbayerischer Bräuche entwickelt.

Der Mode der Zeit entsprechend stand in den eher kleinformatigen Bildern eine erzählende Handlung im Vordergrund. Genremalerei in der vorliegenden Ausprägung zeigt humorvolle anekdotische Geschichten, geschildert aus der Perspektive „aus dem Volk" und für jedermann nachvollziehbar. Es sind kleine Szenen des alltäglichen Lebens im Wirtshaus und in der Stube, wie das Jagdglück, der Umgang mit Tieren oder die Prüfung der Genießbarkeit des Bieres. Das Unscheinbare, Kleine, Alltägliche, oft auch das Hässliche werden humorvoll in Szene gesetzt. Humor war eine hochgeschätzte Eigenschaft des Genres und ein Beförderungsmittel, eine alltägliche Szene zur Kunst werden zu lassen.[26]

Der deutsche Genre-Realismus ist ein Kind des Realismus des 19. Jahrhunderts nach 1848, entstanden als Gegenbewegung zum Erhabenen der Historienmalerei und zum Idealen der Romantik. Ludwig Knaus (1829–1910), Franz von Defregger (1835–1921) und auch Hugo Kaufmann stehen der literarischen Bewegung des bürgerlichen Realismus nah. Anders als der französische, durchaus sozialkritische Realismus im Stil Courbets zeigt der deutsche Genre-Realismus Verklärtes: Ausschnitte der Realität und Realitätsinseln.[27] Die dargestellten Figuren sind häufig anonym und eher als Typen, denn als konkrete Personen erkennbar. Sie werden durch ihre Umgebung, Kleidung und die Attribute ihrer Tätigkeit charakterisiert. Schöne Beispiele hierfür sind der stets gut gelaunte Wirt in typischer Arbeitskleidung, der kraftvolle, dem schönen Geschlecht zugewandte, junge Holzknecht oder der etwas zurückhaltend und misstrauisch wirkende Bauer in Tracht. Sozialkritik spielt, wenn überhaupt, nur eine marginale Rolle.[28]

In vielen Bildern Hugo Kauffmanns stehen die Liebe und das Zwischenmenschliche im Mittelpunkt. Themen wie das „Fensterln" (Kat. 65), das „Anbandeln" (Kat. 60) oder das Planen

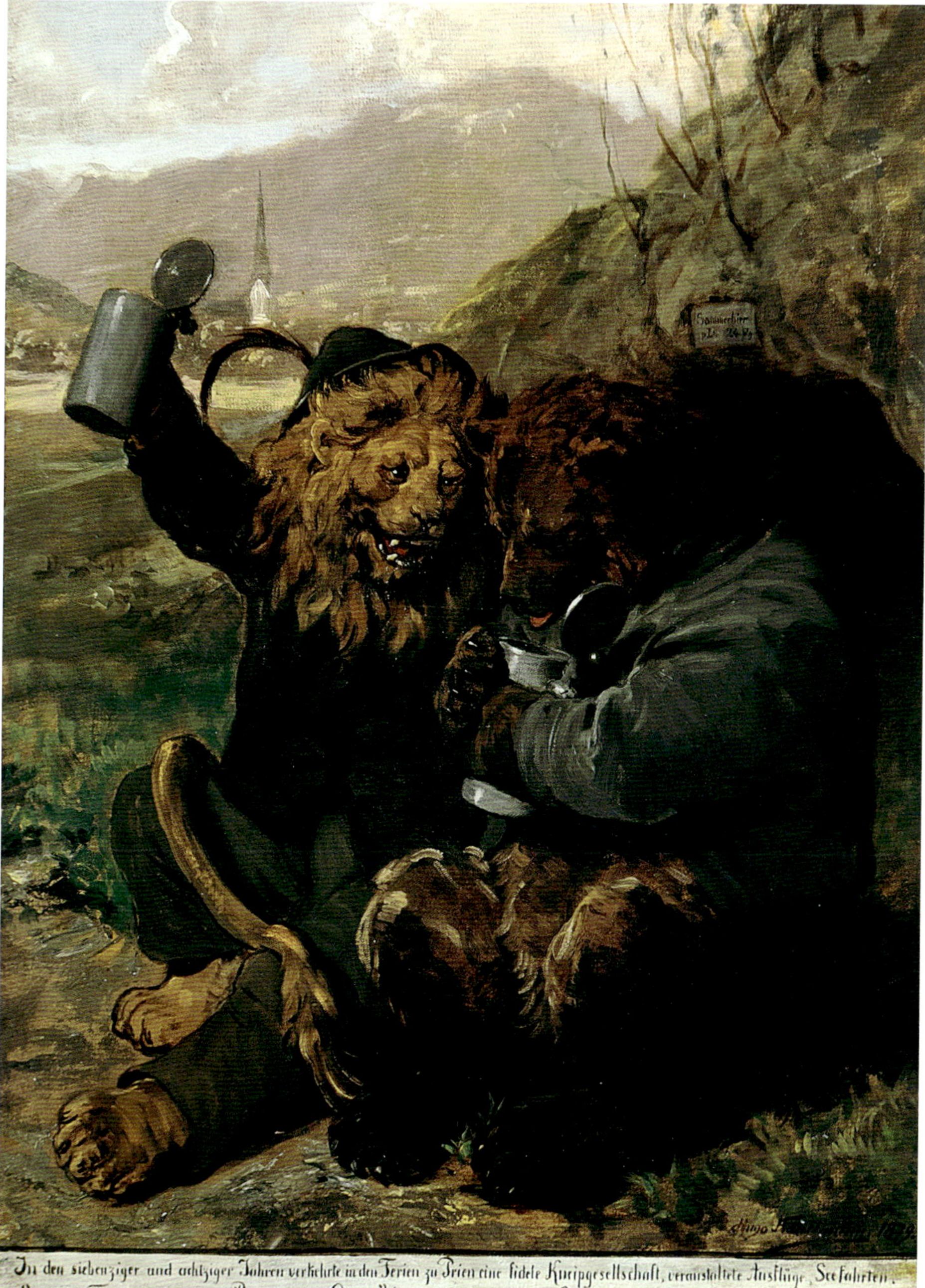

Abb. 9 Hugo Kauffmann, Bären und Löwen, 1897, Heimatmuseum Prien

einer gemeinsamen Zukunft sind typische Motive der Gartenlaubenromantik und finden auch in der damals beliebten Familienzeitschrift, der „Gartenlaube“, ihre Veröffentlichung.[29]
Die dekorativen Postillion-Bilder zählen ebenfalls zu diesem Kontext. Man feierte eine Zeit, die sich bereits im Ausklang befand. Im Glauben, dass die Großstadt und der zivilisatorische Fortschritt die Ursache aller gesellschaftlichen Probleme seien, wandte man sich idyllischen Themen zu und vermied Tabuthemen zugunsten des Nostalgie- und Erholungswerts der Bilder. Retrospektiv betrachtet war insbesondere der Postillion mit seiner altertümlichen Staffage – wenn auch äußerst dekorativ mit Uniform und Posthorn – ein Symbol bereits damals vergangener Zeiten. Mit dem Ausbau der Eisenbahn war das romantisch verklärte Zeitalter der Postkutschen allmählich zu Ende gegangen.
Ein häufiges Motiv der Bilder ist die Darstellung einzelner Lesender oder der Meinungsbildung in geselliger Runde. „Spannende Lektüre“ (Kat. 44) greift dies in humorvoller Szene auf. Bilder wie diese zeigen den meisterhaften Galerieton, perfekt gearbeitet im Stil der Niederländer, ein gekonnt akzentuiertes Helldunkel, den stimmungsvollen Lichteinfall ins dunkle Interieur der Stube und eine Malerei wie aus einem Guss, die keine Spur der Pinselführung sichtbar lässt. Diese Qualität wusste man in weiten Kreisen der Käuferschaft zu beurteilen und zu schätzen.[30]
Die umfangreiche Sammlung Abé ermöglicht es, Hugo Kauffmann in all seinen Facetten zu präsentieren, einschließlich seiner Arbeiten als Porträtmaler und seiner Federzeichnungen.
Hermann Kauffmann war besonders von der Porträtkunst seines Sohnes beeindruckt. Bereits 1864 erkannte er seine außergewöhnlichen Fähigkeiten in diesem Bereich. „Wahrhaft entzückt hat er mich und viele durch das Geschenk des Kopfes der alten 90jährigen Frau. Es ist so meisterlich einfach und mit Verständnis gemacht, daß ich, aufrichtig gestanden, erstaunt bin über diese Leistung eines 20jährigen Menschen.“[31]
Im Gegensatz zu den typisierten Figuren, die in seinen Genredarstellungen häufig vorkommen, zeigt sich in den Porträts eine andere Dimension seines künstlerischen Könnens. Hier steht das Gesicht im Mittelpunkt, ohne begleitende Handlung oder erzählerische Elemente. Diese Porträts sind eindringliche Charakterstudien, die das Wesen der dargestellten Personen lebensnah zum Ausdruck bringen.
Herausragende Beispiele seiner Porträtkunst sind die „Kartenleserin“ (Kat. 36), „ein trefflich Köpfchen“[32] und die „Alte Trine aus Finkenwerder“, beide von 1864, und besonders die „Alte Dachauerin“ (Kat. 66) von 1911, die die Reife und Tiefe seines künstlerischen Schaffens widerspiegelt. Dieses Werk entstand fast ein ganzes Künstlerleben nach den zuvor genannten Porträts und zeigt eine konsequente Weiterentwicklung in seiner Fähigkeit, den Charakter und die Persönlichkeit seiner Modelle zu erfassen und darzustellen. Stolz und selbstbewusst trägt sie ihre Tracht, gezeichnet von einem arbeitsreichen Leben, das wertvolle Accessoire, der handgemachte Schirm, fest in ihrer rechten Hand. In seiner Dachauer Zeit – seit 1898 hatte er eine eigenen Jagd bei Günzenhausen – entstehen sehr besondere Porträts, die ihn in die Nähe zum Leibl-Kreis rücken. Es sind authentische Bilder, detailreich und in etwas freierer Pinselführung, fein beobachtet in ihrer lebensnahen Darstellung und mit diesem liebevollem Blick auf die menschliche Seele, die ihn auszeichnete.[33]

EIN ERFOLGREICHER KÜNSTLER

„Mit scharfem Blick, nach Kennerweise,
Seh ich zunächst mal nach dem Preise,
Und bei genauerer Betrachtung
Steigt mit dem Preise auch die Achtung."[34]

Mit diesen Worten schildert Wilhelm Busch (1823–1908) in seiner Bildergeschichte „Maler Klecksel" nicht nur einen Nachmittag im Kunstverein, sondern auch den erfahrenen Blick des bürgerlichen Kunstkenners.

Mit der Genremalerei stand man um 1880 in Konkurrenz mit vielen. Man musste den Absatzmarkt im Auge behalten, Strategien entwickeln, um bekannt zu werden und den Publikumsgeschmack zu lesen wissen.

Kunstinteressierte Käufer aus bürgerlichen Haushalten wurden ab Mitte des 19. Jahrhunderts zu einem großen Absatzmarkt für das Genre. Man wünschte sich Kunstwerke an den Wänden, insbesondere solche, die das durch die steigende Reisetätigkeit populär gewordene bäuerliche Landleben darstellten. Die Sehnsucht nach ländlicher Idylle spiegelte sich in der wachsenden Nachfrage nach entsprechenden Motiven in der Kunst wider. Man schätzte die Bilder wegen ihrer Wohlfühl-, Dekorations- und Nostalgie-Eigenschaften und wegen der Virtuosität der Künstler, die man durchaus einzuschätzen wusste. Die Genremalerei mit ihren vielfältigen Motiven übertraf in der Mode der altdeutschen Zeit, was die Wohnungsausstattung anging, alle anderen Kunstgattungen und erfreute sich über alle Gesellschaftsschichten hinweg großer Beliebtheit.[35]

Zu den Vermarktungsstrategien eines Künstlers gehörten die Mitgliedschaft in Kunstvereinen, die insbesondere die Genremalerei durch Verkaufsausstellungen förderten,[36] die Orientierung am Publikumsgeschmack, sowie die handwerkliche Qualität und das handliche Format. Wichtig war auch, die Bedeutung der Druckgrafik und die Verbreitungsmacht von Reproduktionen zu erkennen und zu nutzen. [37]

„Der sehr fruchtbare Künstler hat auch viel illustriert und seine Cyklen der ‚Spieszbürger und Vagabonden', ‚Hochzeitleute und Musikanten', ‚Biedermänner und Konsorten' sind mit Recht ob ihres drolligen Humors beliebt geworden..."[38]

Hugo Kauffmann veröffentlichte ab 1878 bis in die 1890er Jahre hinein mehrere grafische Zyklen mit Reproduktionen seiner lavierten Federzeichnungen. Die Verse zu seinen virtuosen und kunstvoll gestalteten Zeichnungen verfasste der Jurist und Heimatdichter Karl Stieler (1842–1885), bei anderen Publikationen war es Peter Auzinger. Seine satirischen und lokalkoloristischen Veröffentlichungen nutzten geschickt die modernen Vervielfältigungstechniken und waren ein großer Erfolg.

Die hervorragende zeichnerische Ausbildung des Künstlers war Teil des Elementarunterrichts am Städel gewesen. Die deutlich umrissenen Konturen lassen den Einfluss seines Frankfurter Lehrers Jakob Becker erkennen, während sich der malerisch weichere Stil und die subtilen Übergänge eher dem Einfluss Burgers zuordnen lassen.

Kauffmann schildert alltägliche Begegnungen, die er mit großer Genauigkeit beobachtet. Seine Themen sind breit gefächert: Kinder beim Schlittenfahren, Jäger und Wilderer, Viehhandel und vor allem die „Hochzeitsleute und Musikanten" sind ein lebendig dargestelltes Sittenbild bayerischer Bräuche. Mit den szenischen Federzeichnungen darin erreicht er eine gemäldeähnliche Wirkung. Besonders hervorzuheben sind aus heutiger Sicht die zahlreichen authentischen Anknüpfungspunkte an das bayerische Brauchtum, sowie seine daraus ersichtliche tiefe Verbundenheit mit Land und Leuten.

In den Zyklen „Spieszbürger und Vagabonden" sowie „Biedermänner und Konsorten" porträtiert er die Stützen der Gesellschaft und das einfache Volk, wobei er deren charakterliche Eigenheiten meisterhaft herausarbeitet. Er nutzt gestalterische Merkmale wie Kleidung und andere unverwechselbare Attribute zur Charakterisierung. Diese Eigenarten, die in feiner Übertreibung dargestellt werden, sorgen für eine hohe Wiedererkennbarkeit. Tatsächlich lassen sich die dargestellten Figuren auch als typisches Personal in seinen Gemälden wiederfinden. Mit leiser Ironie und untrüglichem Blick legt Kauffmann in komischer Überzeichnung die Fehler und Schwächen seiner Mitbürger offen, ohne sie jedoch der Lächerlichkeit preiszugeben.
Hugo Kauffmann fertigte auf dem Höhepunkt seines Schaffens, als er kaum die Nachfrage stillen konnte, auch zahlreiche Variationen seiner Motive und Repliken.[39] Immer aber nahm er sich Zeit für die Signatur. Ein markanter Schriftzug, Vor- und Nachname ausgeschrieben, als Teil des Bildes und an deutlich sichtbarer, prägnanter Stelle. Wie ein Gütesiegel, eine Art Markenzeichen richtete er sich damals wie heute an begeisterte Sammler unter den kundigen Käufern.

EINE NEUE KUNSTAUFFASSUNG

Zum Ende des 19. Jahrhunderts verändert sich vieles in der Kunst. Der Realismus Begriff wird zunehmend hinterfragt, und neue Sichtweisen entstehen, sowohl in der Kunstauffassung als auch in der Kunstpraxis. Wilhelm Leibl beschreitet eigene Wege. Mit der Betonung eines rein malerischen Stils und eines mimetischen Realismus Verständnisses distanziert er sich programmatisch von der Idylle. Max Liebermann hingegen folgt in Licht und Farbe dem Weg des Impressionismus.

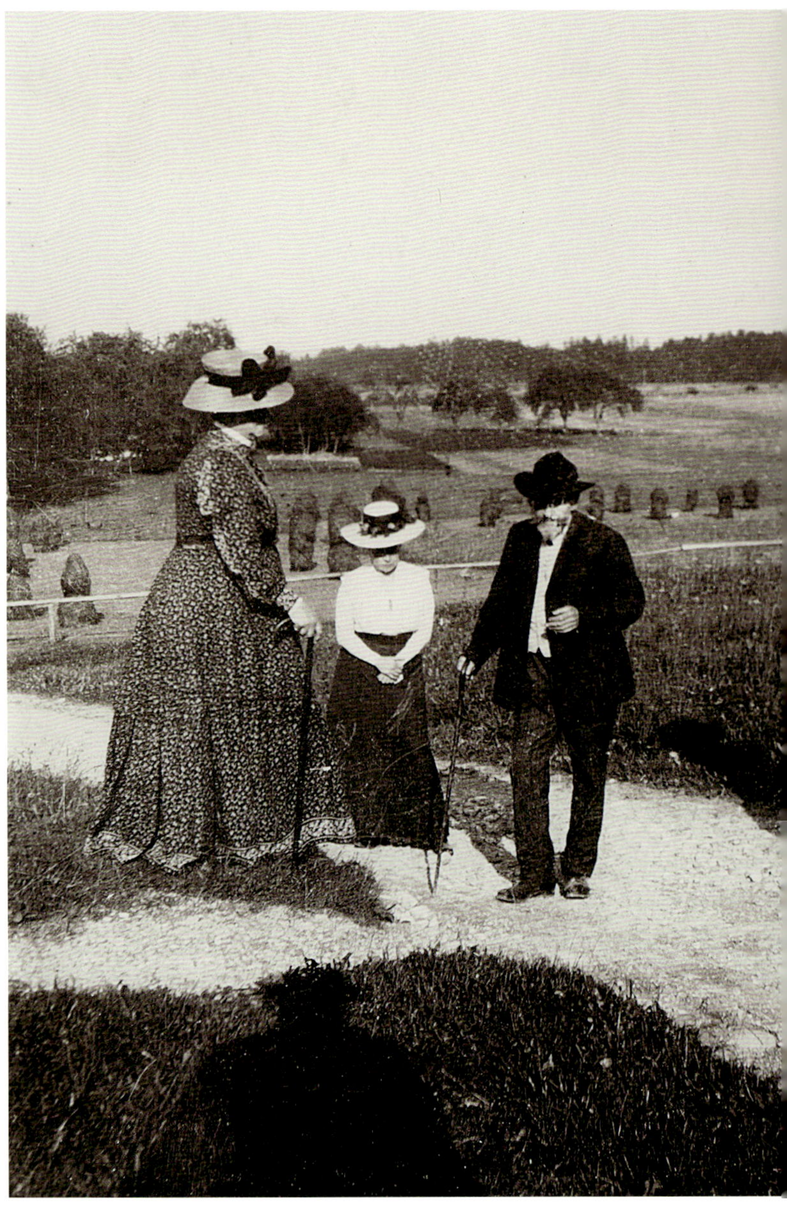

Abb. 10 Beim Spaziergang in Prien, Privatbesitz, Repro: Anita Berger

Die heute zur klassischen Moderne zählenden Kunstrichtungen in all ihren Facetten werden in dieser Zeit angelegt. Fotografie und Film übernehmen im Weiteren zunehmend den Anspruch auf Wirklichkeitsdarstellung und das Erzählende in der Kunst.[40] Der Genrerealismus, der in der zweiten Hälfte des 19. Jahrhunderts zu einer populären Kunstgattung herangewachsen war und große Breitenwirkung erlangt hatte, war ein wichtiger Wegbereiter dieser Entwicklungen. Hugo Kauffmanns Leben und Wirken endete 1915, während der Erste Weltkrieg bereits tobte und tiefe Wunden in Europa hinterließ. Mit ihm ging auch die Friedenszeit zwischen dem Deutsch-Französischen Krieg von 1870/71 und dem Ersten Weltkrieg zu Ende, die im Rückblick oft verklärt als die „gute alte Zeit" bezeichnet wird.

1 Kat. München 1916, Hugo Helbing: Ölgemälde Moderner Meister, München 1916, S. 3.
2 Hohm 2024, Andreas Hohm: Louis Kohlbacher – Ein Leben für die Kunst Georg Ludwig Kohlbacher (1826–1894), unveröffentlichtes Typoskript, Oettingen 2024. Hermann Kauffmann an G. L. Kohlbacher, 15. Juni 1864, S. 101.
3 Mosebach 2013, Charlotte Mosebach: Geschichte der Münchner Künstlergenossenschaft, München 2013, S. 187.
4 Vgl. Irmgard Holz: Hugo Kauffmann, Werkverzeichnis der Gemälde, Berlin 1984, S. 9–32.
5 Hohm ebd. Hermann Kauffmann an G. L. Kohlbacher, Hamburg, 13. Januar 1864.
6 Hohm ebd. Hermann Kauffmann an G. L. Kohlbacher, Hamburg, 15.Juni 186.
7 Hohm ebd. Hermann Kauffmann an G. L. Kohlbacher Hamburg, 20. November 1864.
8 Vgl. Kat. Frankfurt 2004, Anton Burger, Ausst.-Kat. Museum Giersch, Frankfurt 2004, S. 20/21.
9 Vgl. Irmgard Holz: Hugo Kauffmann, Werkverzeichnis der Gemälde, Berlin 1984, S. 10.
10 Holz, ebd., S. 12.
11 Vgl. Bernhard Löffler: Dünner Boden, süßer Guss – Überlegungen zum Mythos Prinzregentenzeit, in Weigand/Zedler/Schuller 2013, Katharina Weigand, Jörg Zedler, Florian Schuller (Hrsg.): Die Prinzregentenzeit, Regensburg 2013.
12 Vgl. Negendanck 2008, Ruth Negendanck: Künstlerlandschaft Chiemsee, Fischerhude 2008, S. 95/96.
13 Vgl.: Kat. Prien am Chiemsee 2021, Ingrid Fricke/ Ute Gladigau: Glanzvoll Die Kunst der Prinzregentenzeit am Chiemsee 2021, S. 58/59.
14 Felix Schlagintweit, ein verliebtes Leben, München, S. 368.
15 Karl Haushofer: Sommerfrischen Münchener Künstler. Frauenchiemsee, in Kunst für Alle, Jg. 1 1886, S.10, in: Negendanck 2008, Ruth Negendanck: Künstlerlandschaft Chiemsee, Fischerhude 2008, S. 76.
16 Vgl.Negendanck S. 79.
17 Vgl. Negendanck S. 76 ff.
18 Kauffmann 1900, Hugo Kauffmann: Prien Sommersitz Hugo Kauffmann, Prien 1900, Erläuterung.
19 Kauffmann 1900, Hugo Kauffmann: Prien Sommersitz Hugo Kauffmann, Prien 1900, Erläuterung.
20 Hager 1923, Franziska Hager: Der Dorfschullehrer, München1923, S. 38
21 Franziska Hager: Sommerfrischler, in: Heyn 1988, Hans Heyn (Hrsg.) Lesebuch aus der Provinz, Chiemgau, Rosenheim 1988, S. 182.
22 Aigner 1995, Fritz Aigner: Maler am Chiemsee, Prien am Chiemsee 1995, S. 20–27 und von Bomhard 1958, Adolf von Bomhard: Prien am Chiemsee Ein Heimatbuch, Prien 1958, S. 375/376.
23 Aigner 1995, Fritz Aigner: Maler am Chiemsee, Prien am Chiemsee 1995, S. 20.
24 Aigner/ von Bomhard, ebd. wie Fußnote 23.
25 Helbing: Ölgemälde Moderner Meister München Auktionskatalog 1916, S. 3.
26 Vgl. Memmel 2013, Matthias Memmel: Deutsche Genremalerei des 19. Jahrhunderts: Wirklichkeit im poetischen Realismus, München 2013, S. 142/143.
27 Vgl. Memmel, ebd. S. 122–128.
28 Vgl. Memmel, ebd. S. 122–144.
29 Vgl. Memmel, ebd. S. 180.
30 Vgl. Memmel ebd. S. 159/160.
31 Hohm ebd. Hermann Kaufmann an G. JL. Kohlbacher, Hamburg, 20. November 1864.
32 Hohm ebd. Hermann Kaufmann an G. JL. Kohlbacher, Hamburg, 15. Dezember 1964.
33 Vgl. Holz, ebd. S. 32.
34 Busch 1884, Wilhelm Busch: Maler Klecksel, München 1884, S. 3
35 Vgl. Memmel, ebd. S. 93 und S. 357 ff.
36 Vgl. Memmel, ebd. S. 63–65.
37 Vgl. Memmel, ebd. S. 175–214.
38 Pecht 1888, Friedrich Pecht: Geschichte der Münchner Kunst im Neunzehnten Jahrhundert, München 1988, S. 346 und zitiert in: Negendanck, ebd., S. 79.
39 Vgl.Holz, ebd. S. 22.
40 Vgl. Memmel, ebd. S. 301 ff.

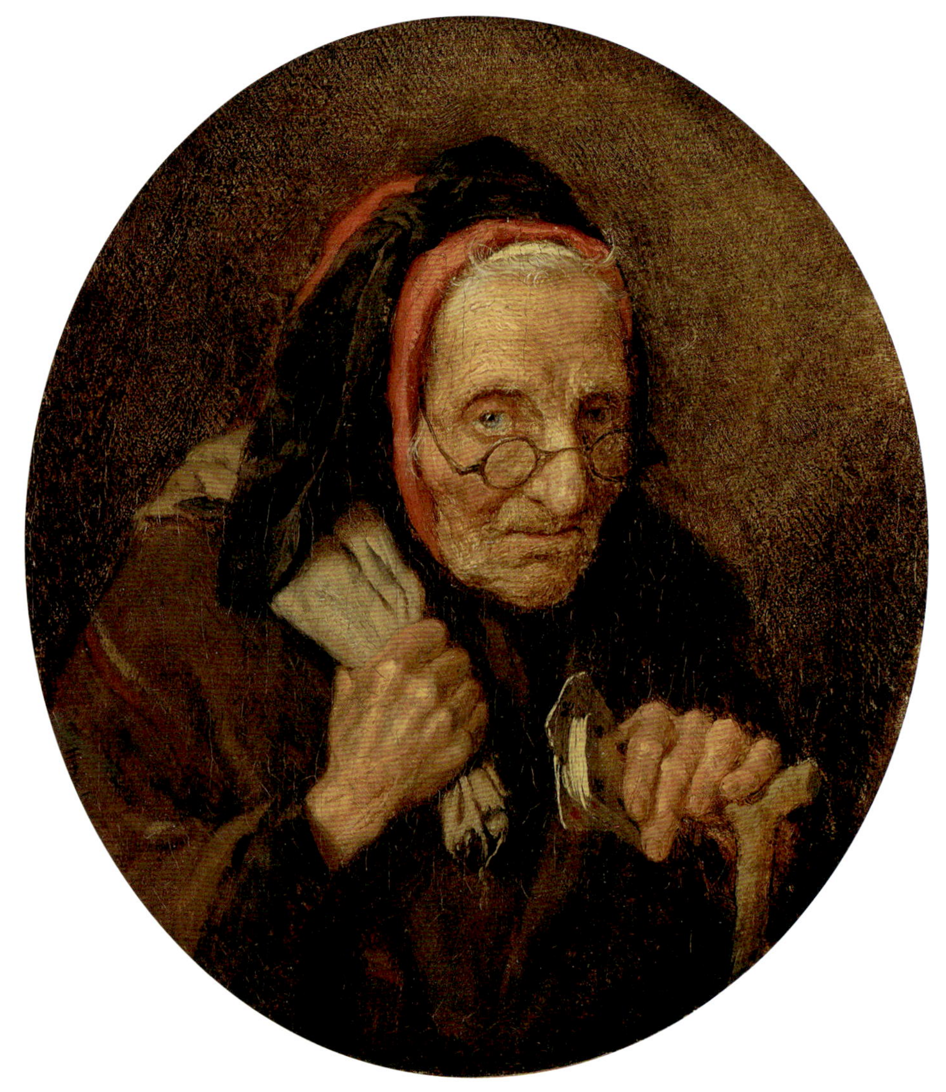

Kat. 36 Hugo Kauffmann, Kartenleserin, 1864, Öl auf Leinwand, 19,5 x 17 cm, Kunstsammlung Markt Prien, Schenkung Abé

Kat. 37 Hugo Kauffmann, Eingang zur Burg Kronberg, 1865, Öl auf Holz, 24 x 19 cm, Stiftung Kronberger Malerkolonie

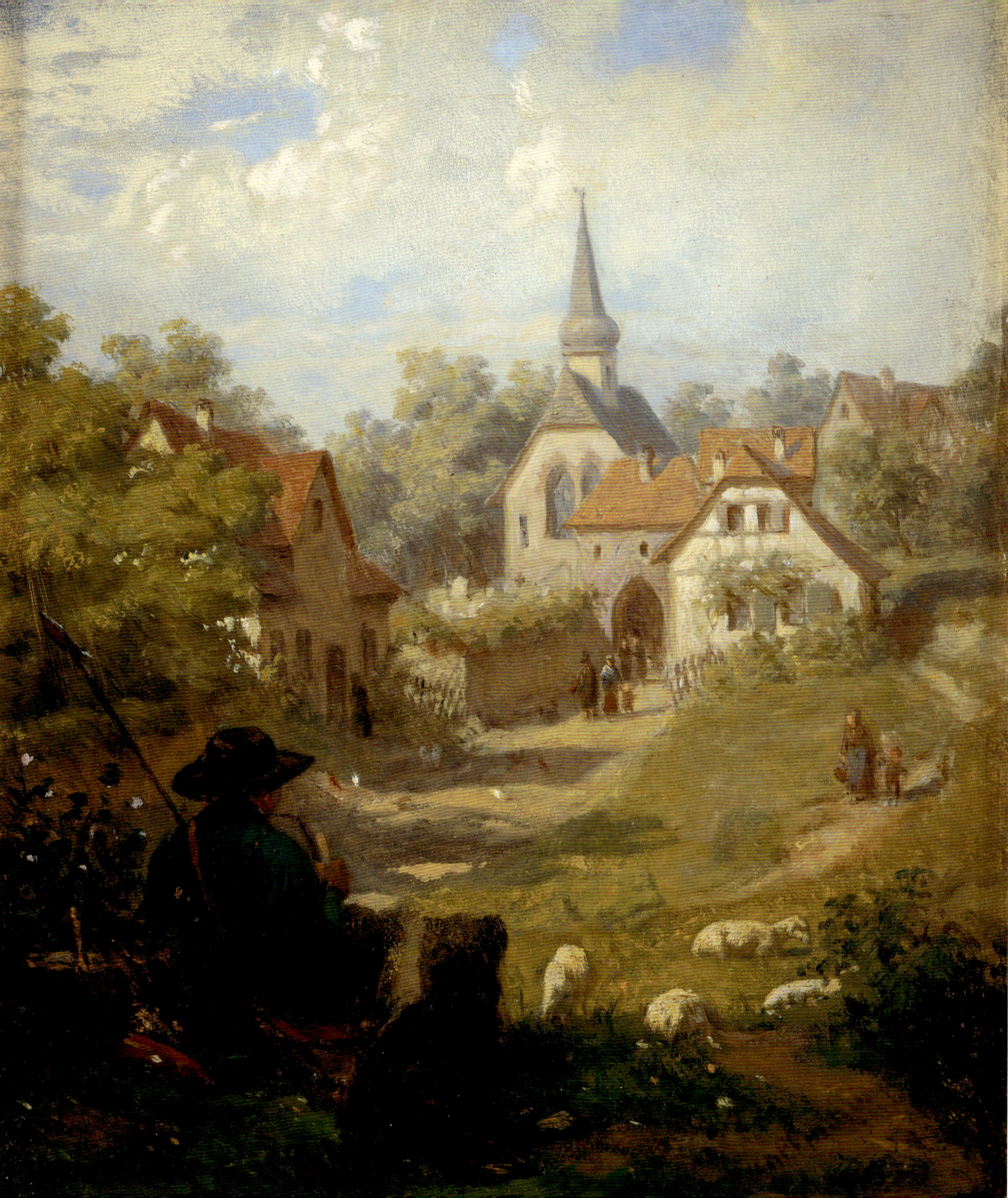

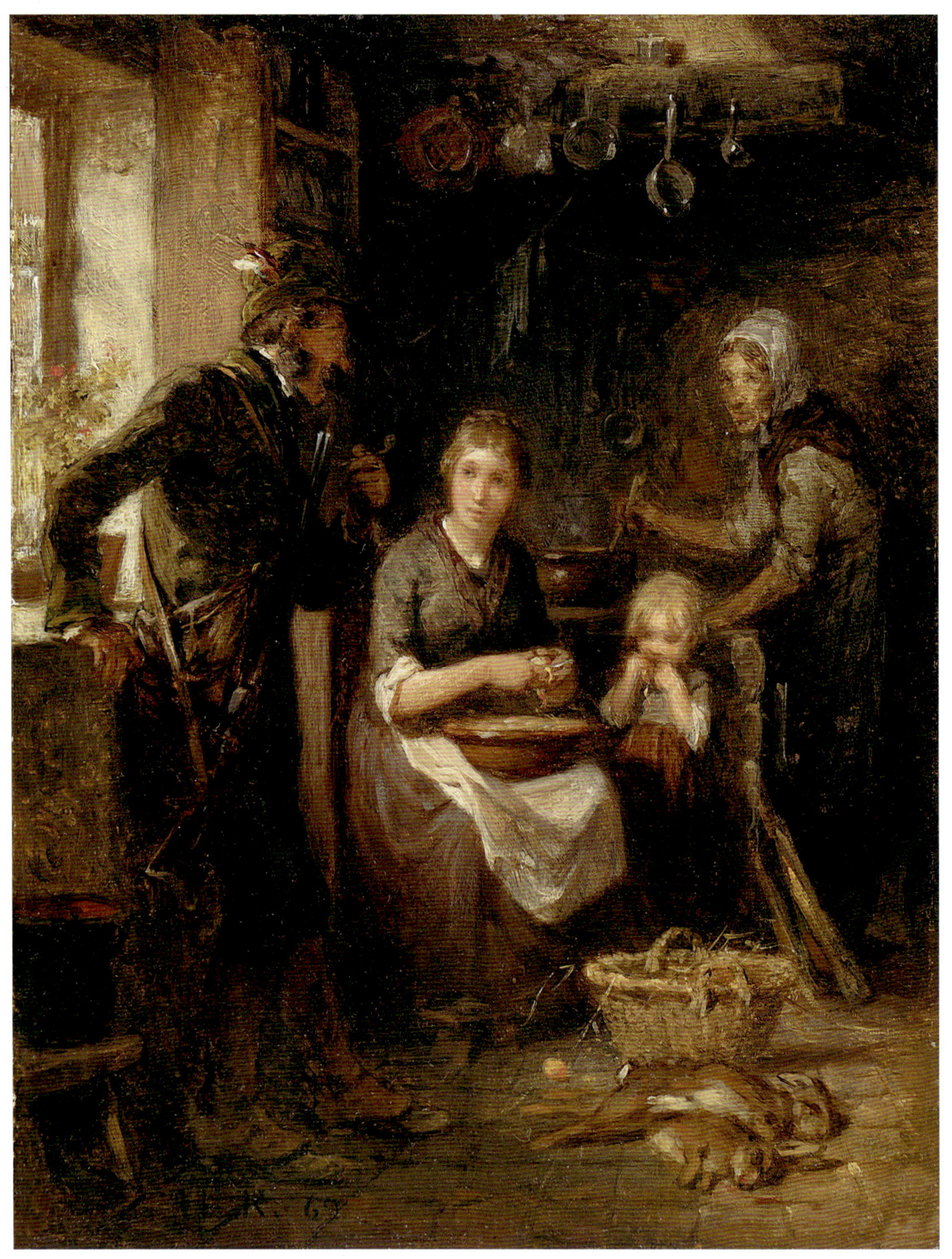

Kat. 38 Hugo Kauffmann,
Jäger in der Küche, 1869,
Öl auf Holz, 21,5 x 16,5 cm,
Kunstsammlung Markt Prien,
Schenkung Abé

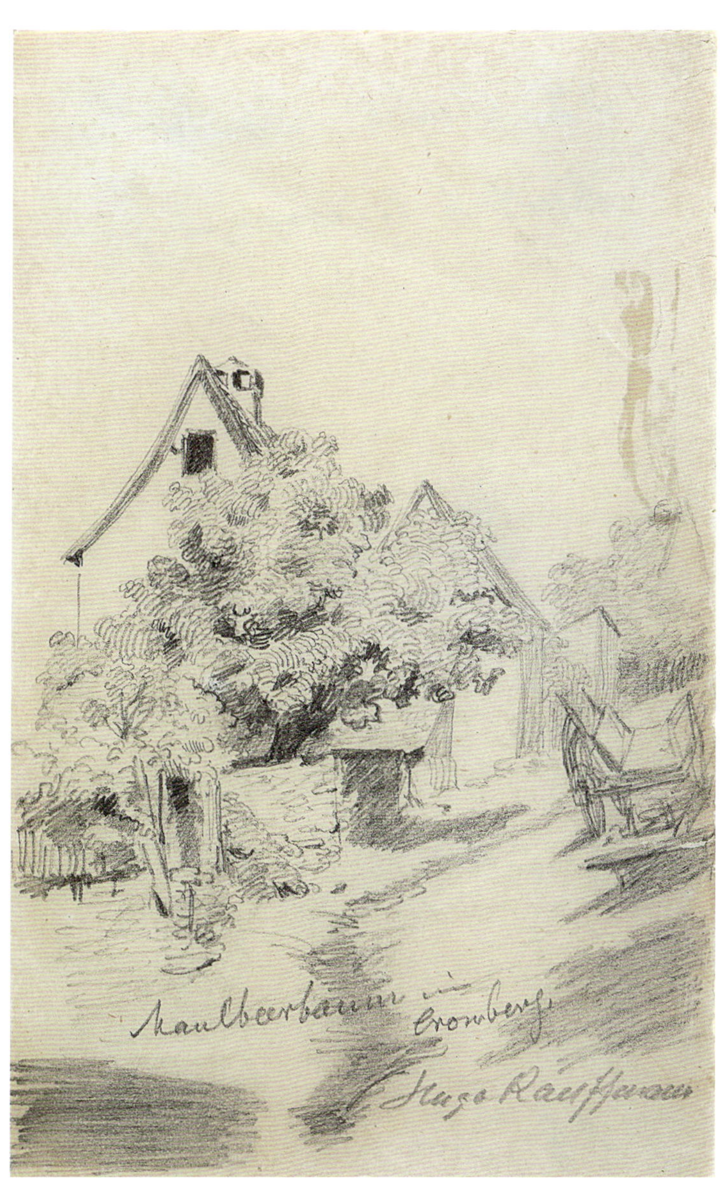

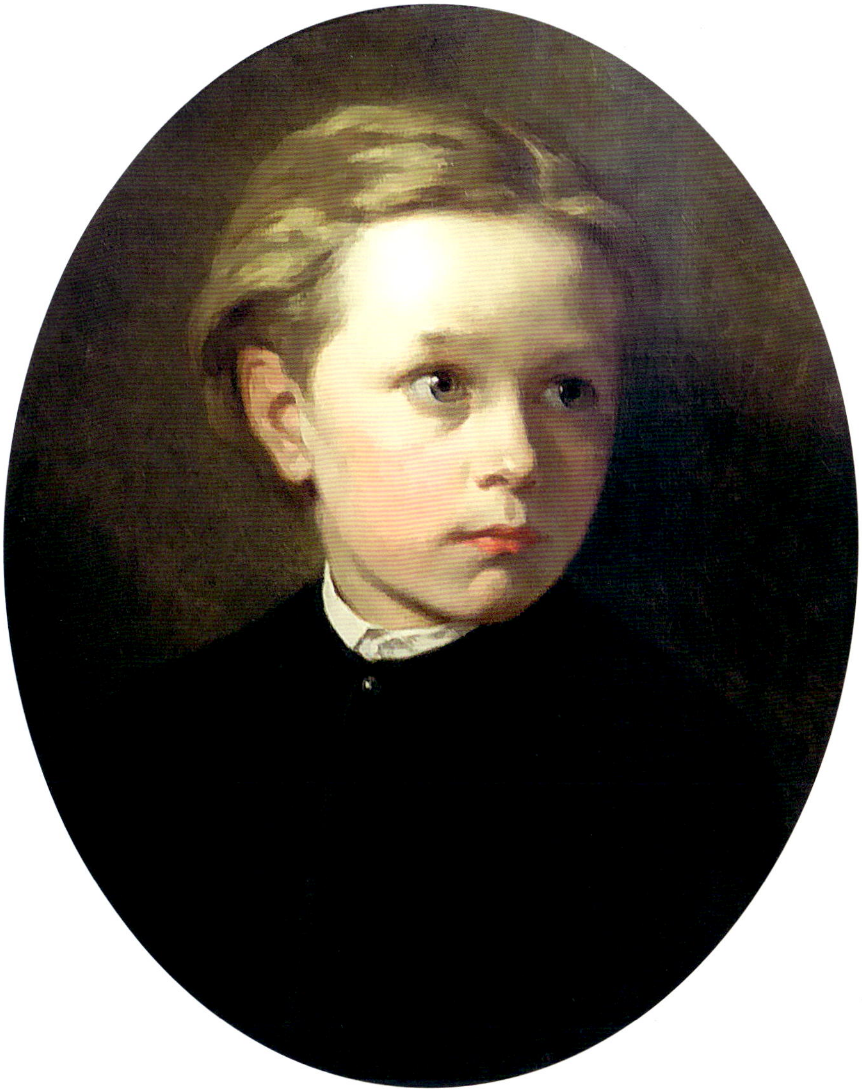

Kat. 39 Hugo Kauffmann, Maulbeerbaum in Cronberg, 1870, Lichtdruck, 16,5 x 10 cm, Kunstsammlung Markt Prien, Schenkung Abé

Kat. 40 Hugo Kauffmann, Bildnis Ernst Offenbach als Knabe, 1871, Öl auf Leinwand, 40 x 32,5 cm, Stiftung Kronberger Malerkolonie

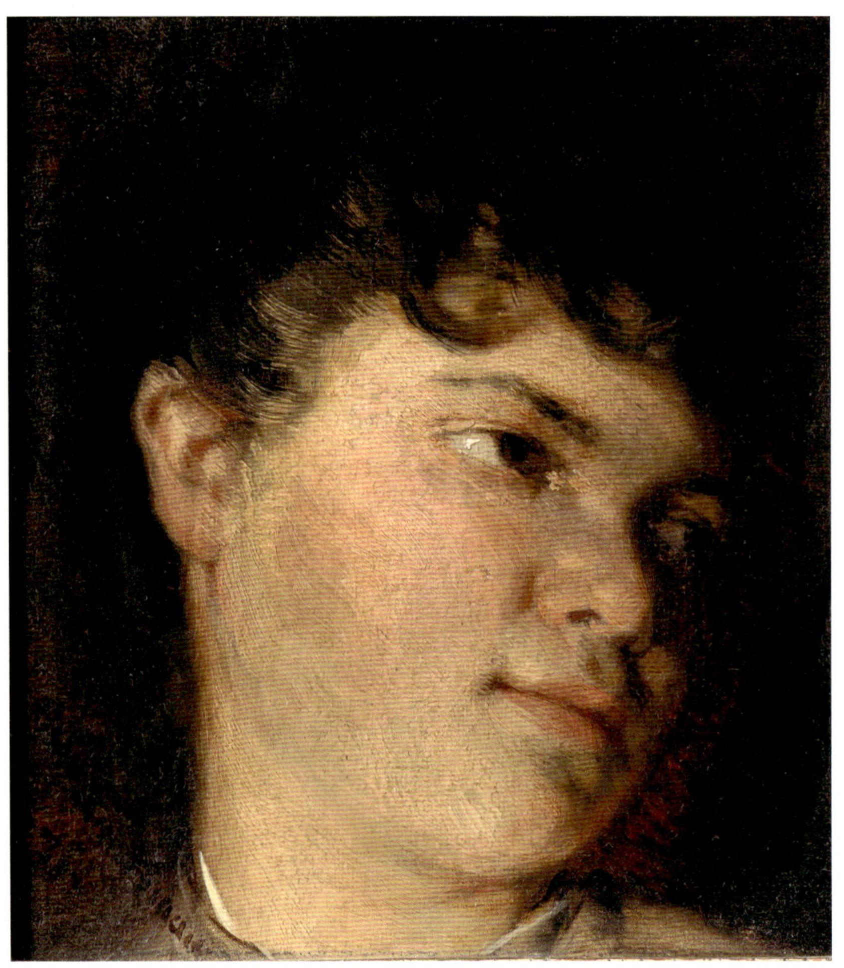

Kat. 41 Hugo Kauffmann, Porträt Johanette Crecelius, 1871, Öl auf Leinwand auf Pappe, 13,8 x 12 cm, Privatbesitz

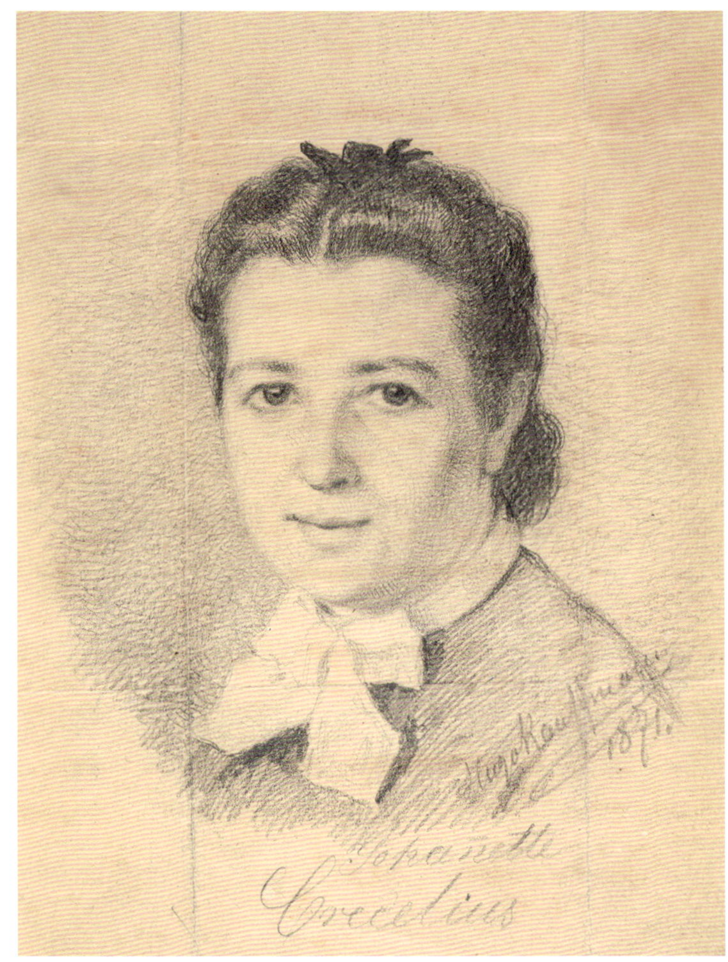

Kat. 42 Hugo Kauffmann, Porträt Johanette Crecelius, 1871, Bleistift, Privatbesitz

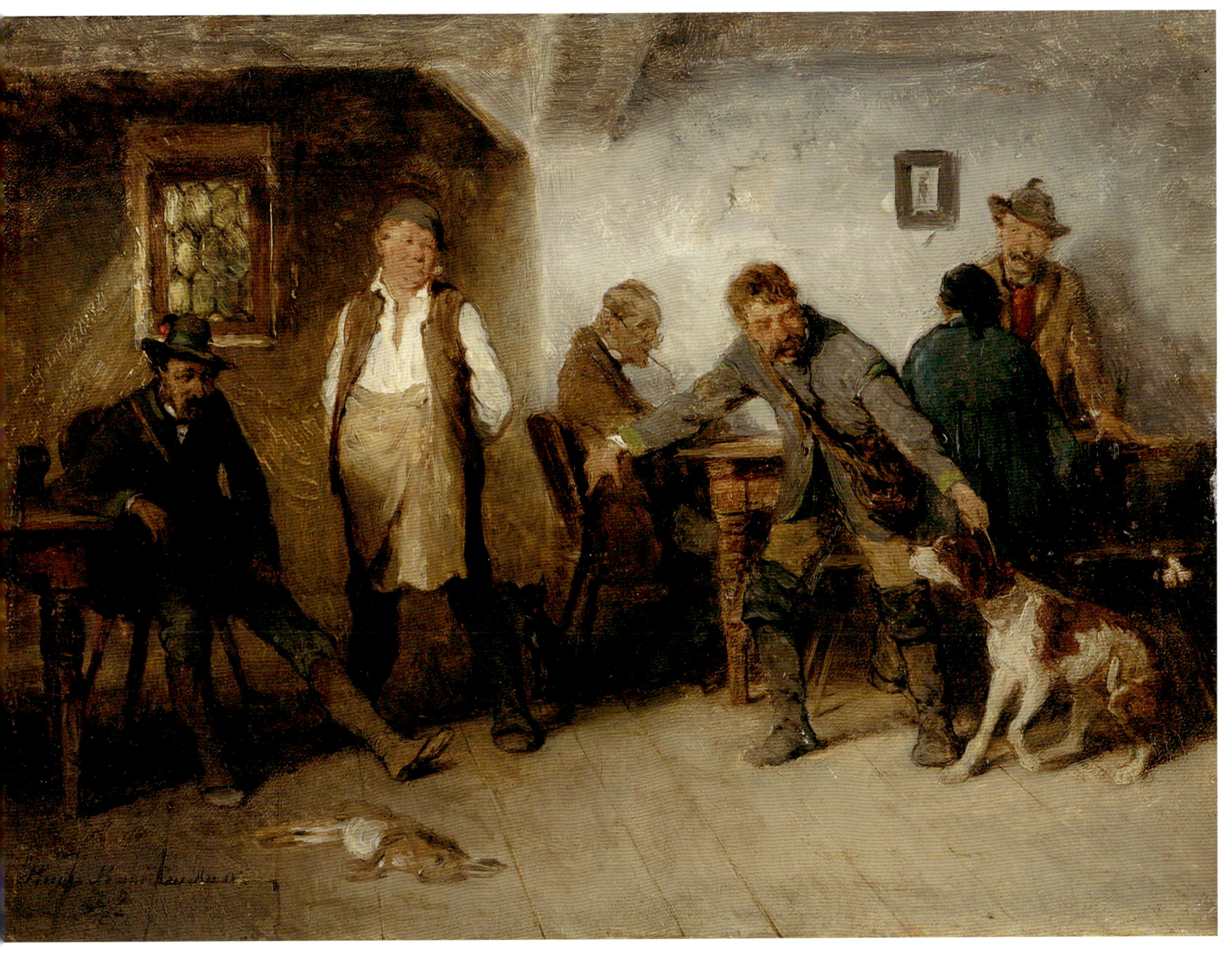

Kat. 43 Hugo Kauffmann, Apporté (Die Jagdbeute), 1872, Öl auf Holz, 16,5 x 22 cm, Kunstsammlung Markt Prien

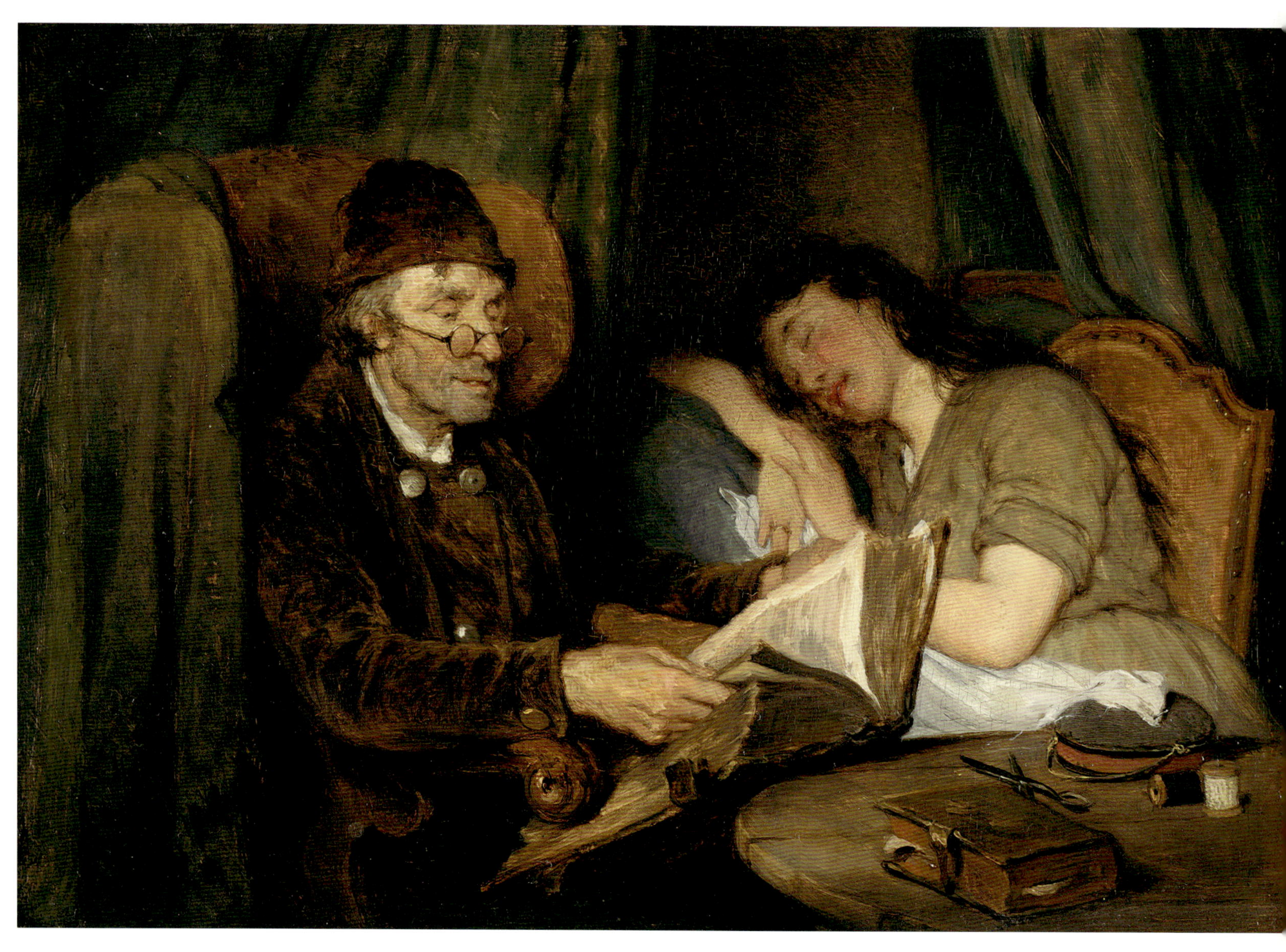

Kat. 44 Hugo Kauffmann, Spannende Lektüre, 1872, Öl auf Holz, 19 x 26 cm, Kunstsammlung Markt Prien, Schenkung Abé

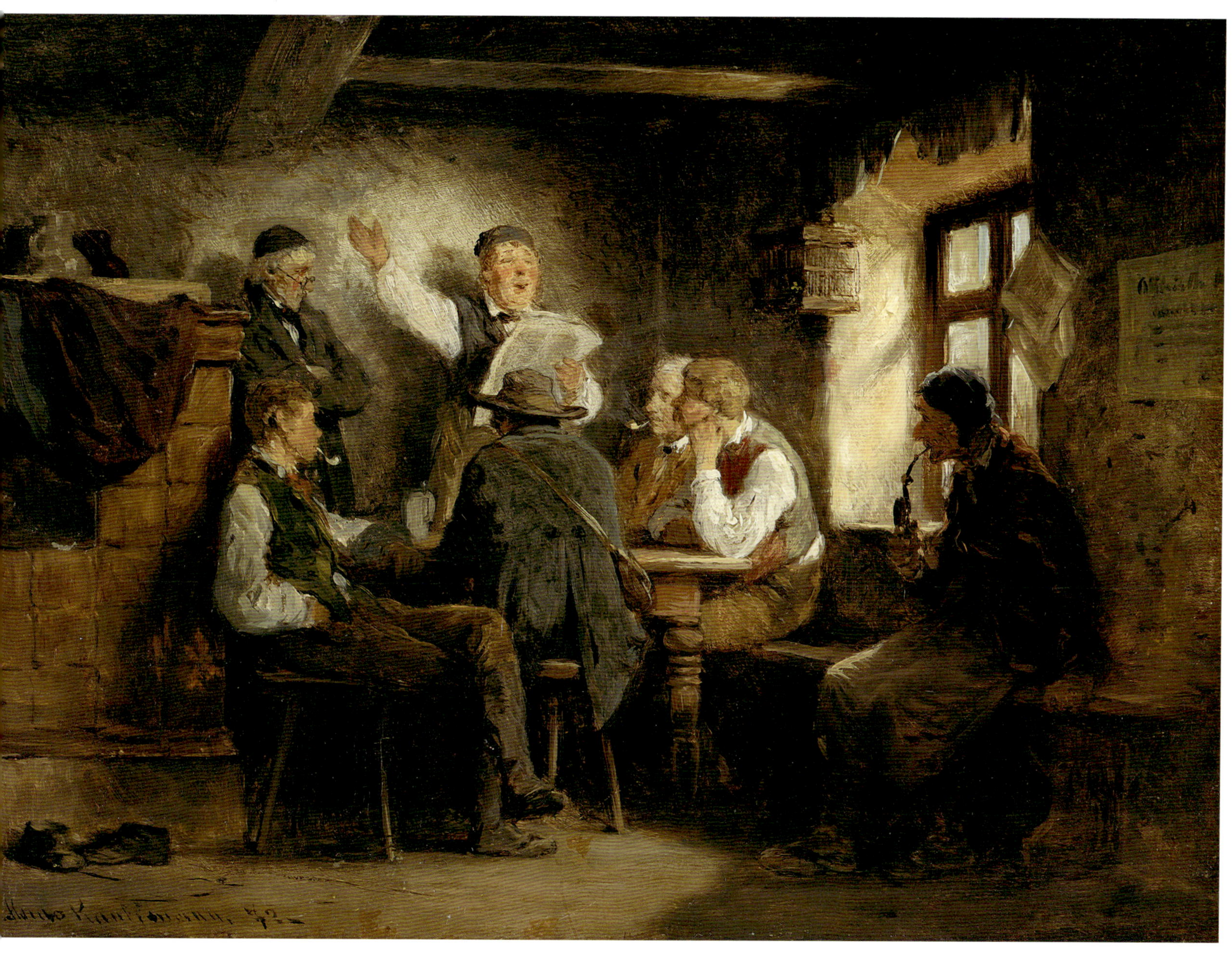

Kat. 45 Hugo Kauffmann, Der Vorleser im Wirtshaus, 1872, Öl auf Holz, 21,5 x 29 cm, Kunstsammlung Markt Prien, Schenkung Abé

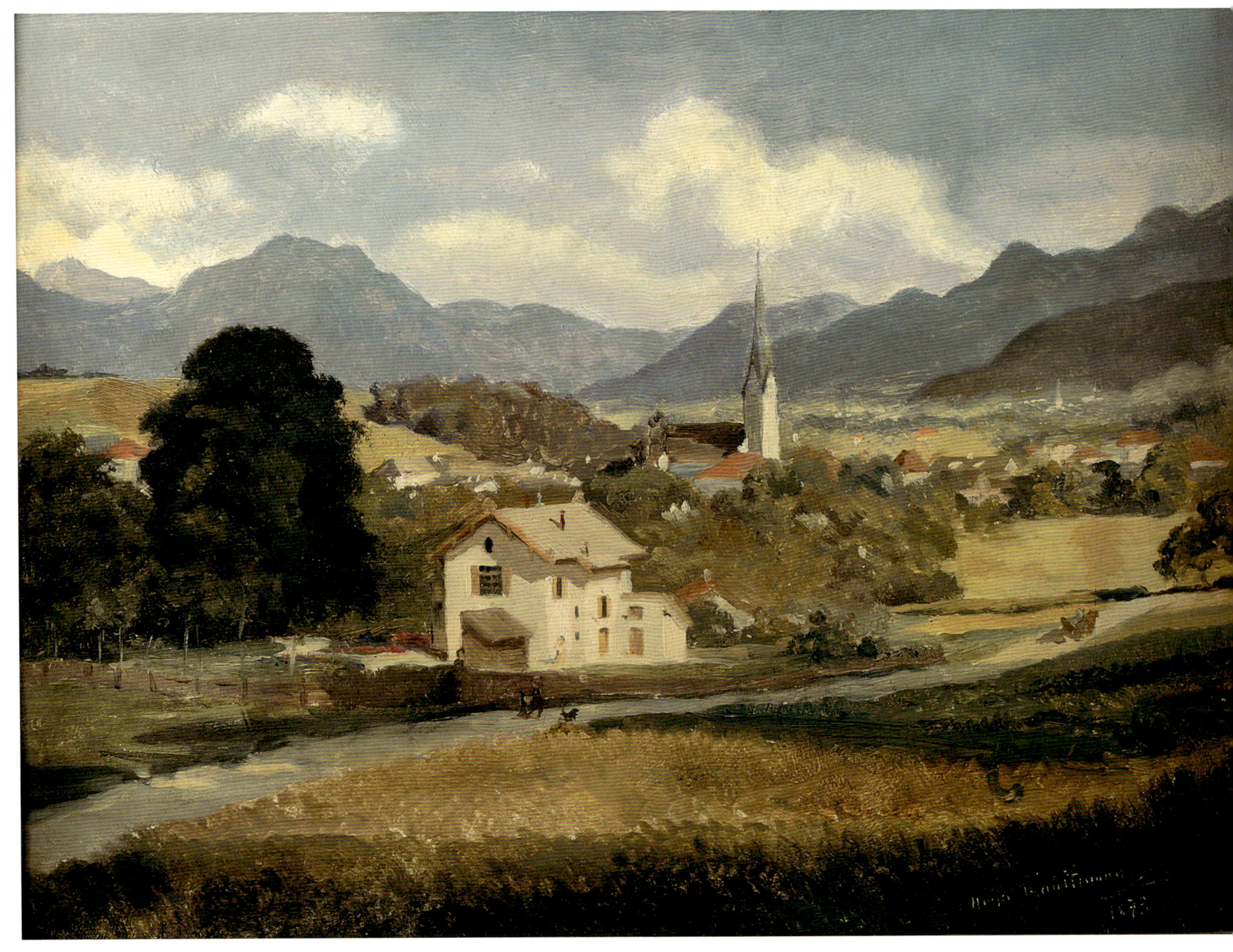

Kat. 46 Hugo Kauffmann, Landschaft Prien, 1873, Öl auf Holz, 22 x 29,5 cm, Kunstsammlung Markt Prien

Kat. 47 Hugo Kauffmann, Alte Frau am Spinnrad, 1874, Öl auf Holz, 23 x 21 cm, Kunstsammlung Markt Prien, Schenkung Abé

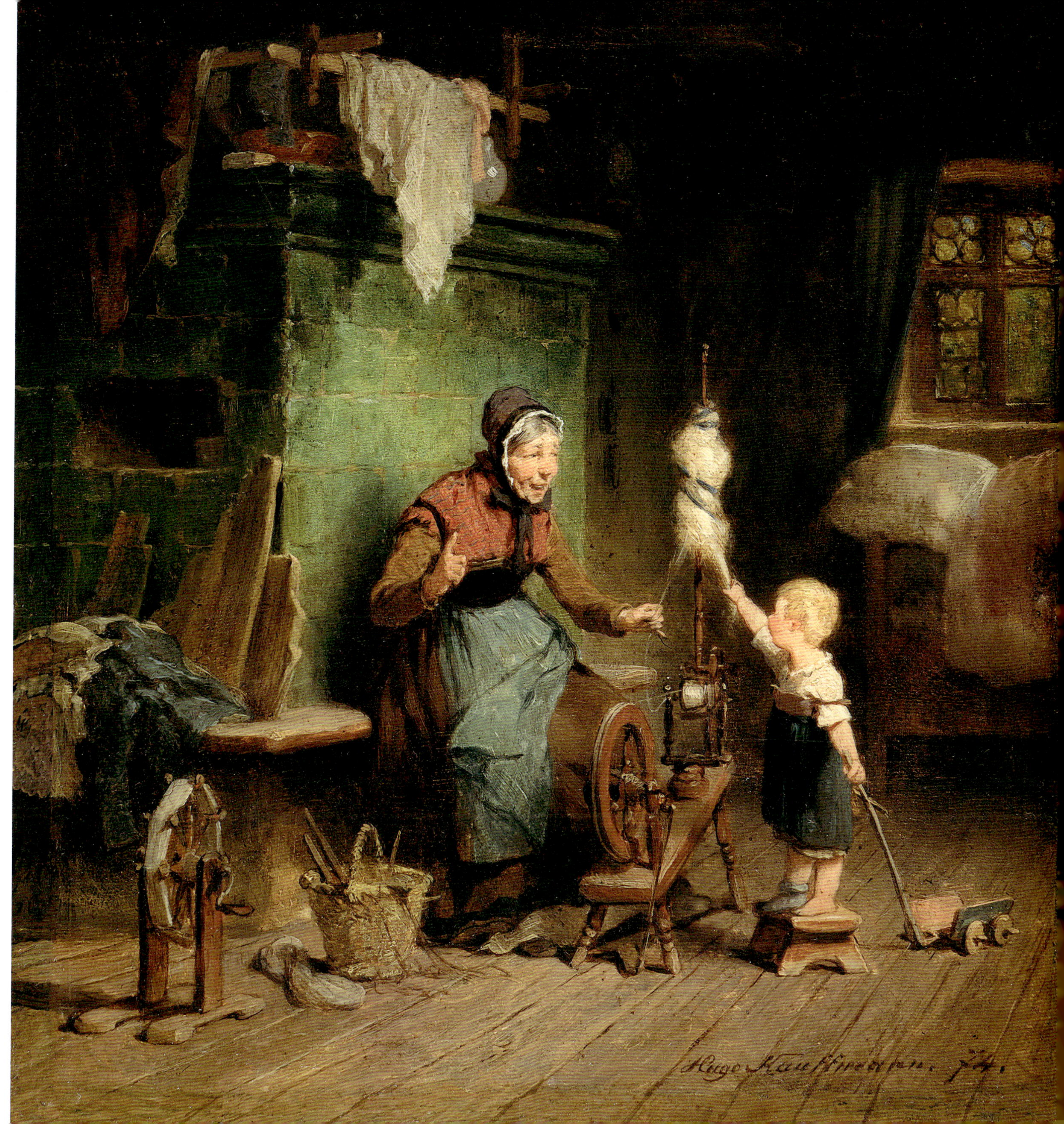
Hugo Kauffmann. 74.

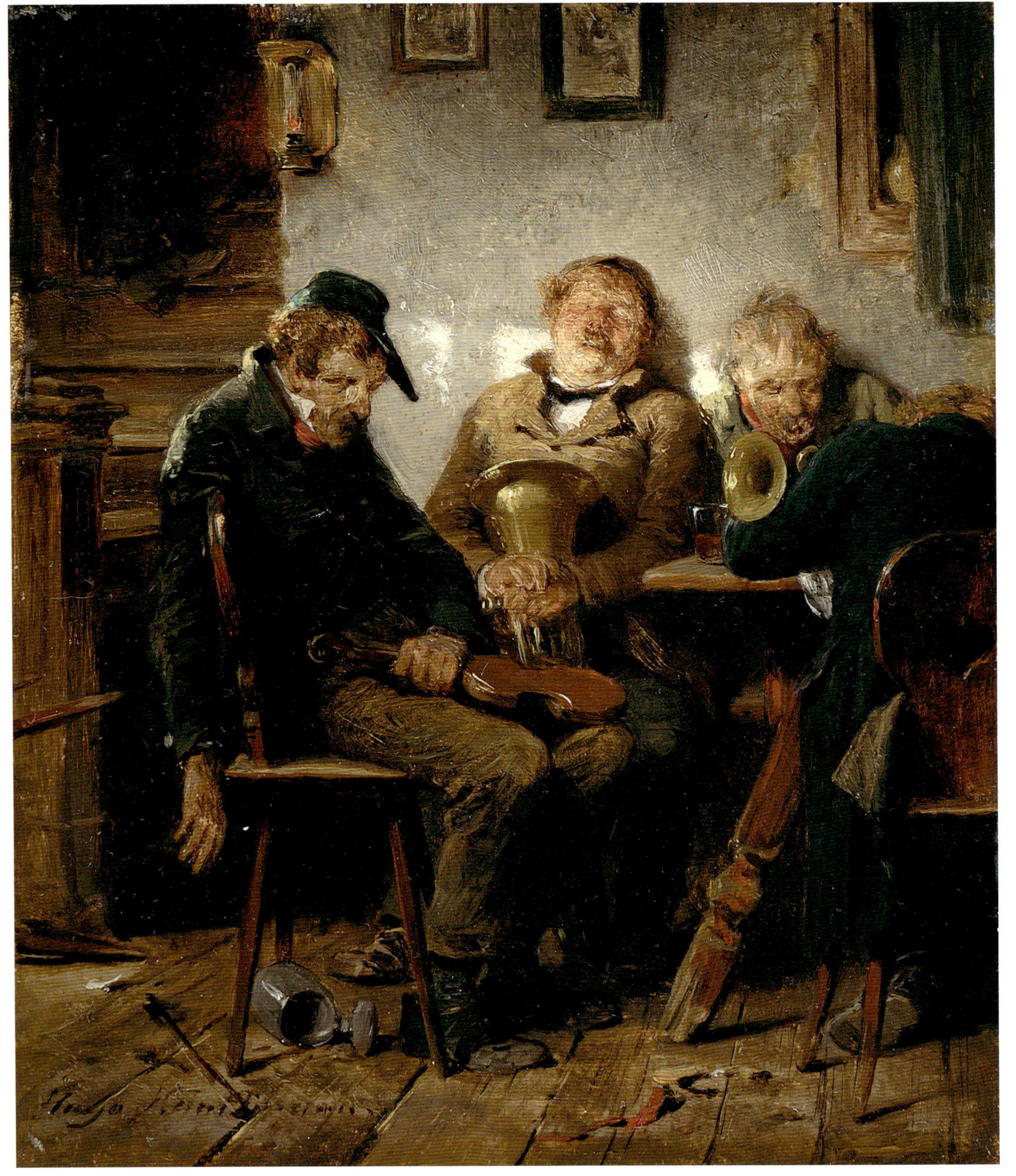

Kat. 48 Hugo Kauffmann, Bei Tagesanbruch, 1875, Öl auf Holz, 17 x 14 cm, Kunstsammlung Markt Prien, Schenkung Abé

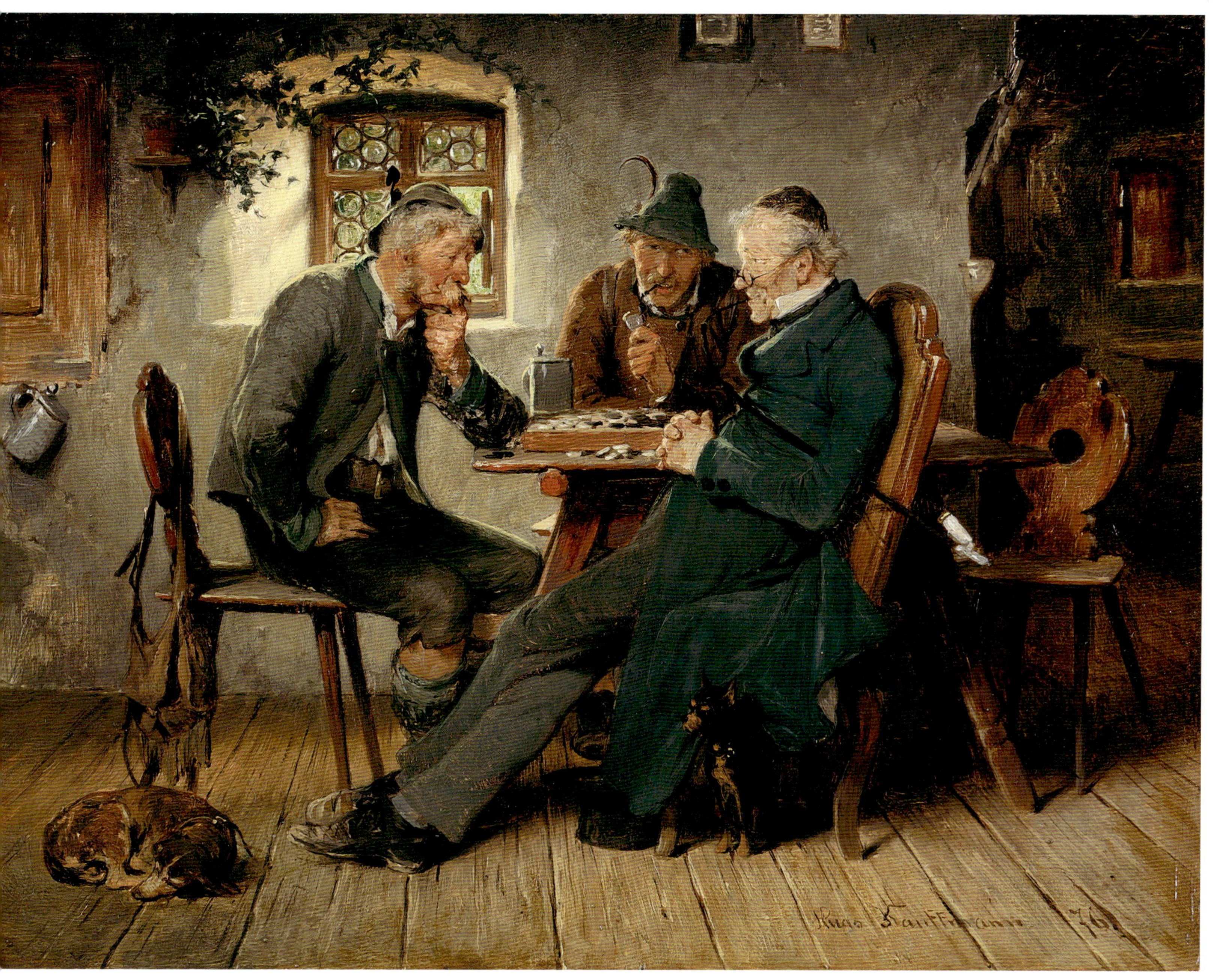

Kat. 49 Hugo Kauffmann, Damespieler, 1876, Öl auf Holz, 20 x 25 cm, Kunstsammlung Markt Prien, Schenkung Abé

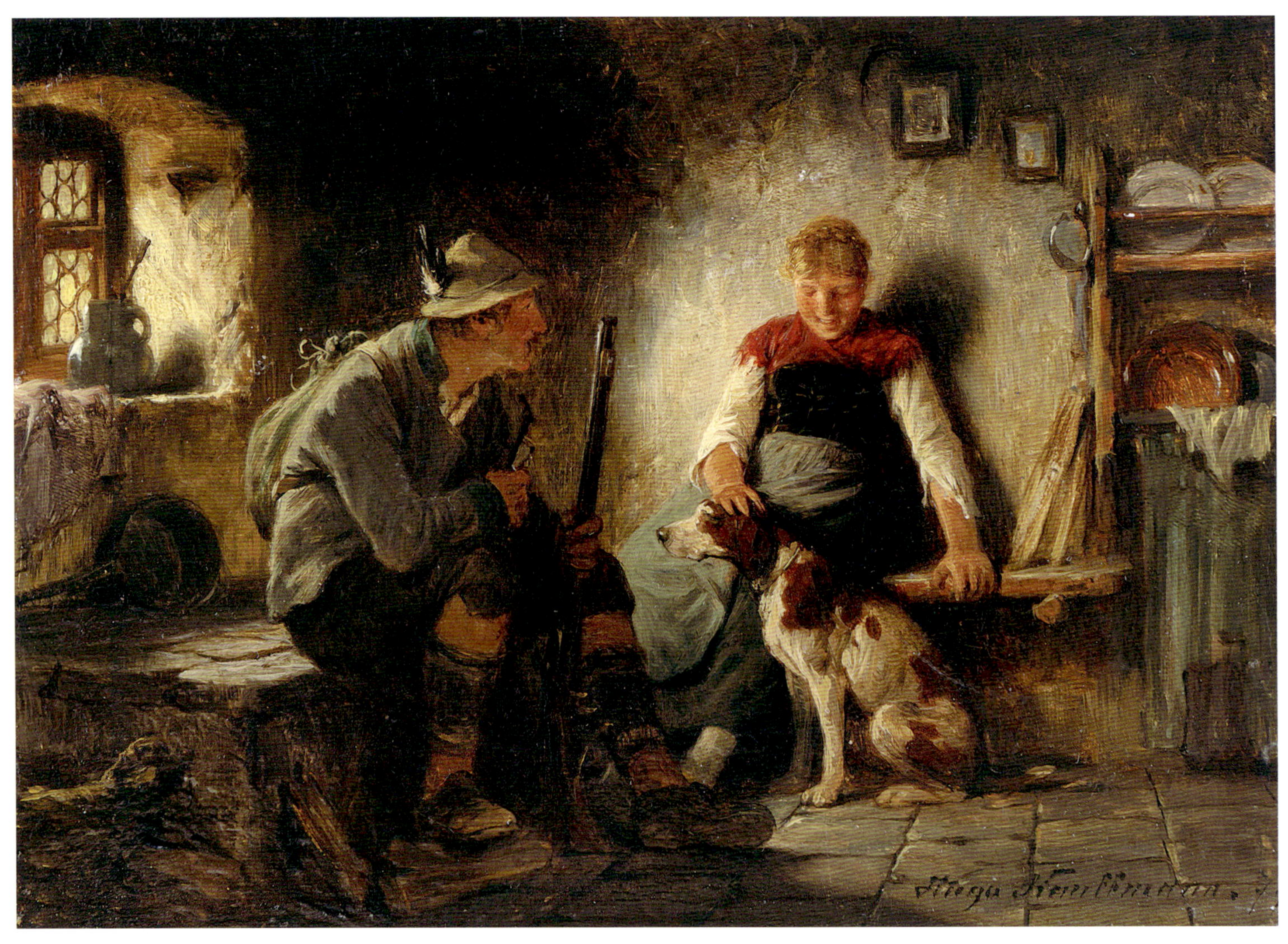

Kat. 50 Hugo Kauffmann, Liebespaar in der Stube, 1877, Öl auf Holz, 12 x 16 cm, Kunstsammlung Markt Prien, Schenkung Abé

Kat. 51 Hugo Kauffmann, Jäger mit Fuchs, 1877, Öl auf Holz, 16 x 18,5 cm, Kunstsammlung Markt Prien, Schenkung Abé

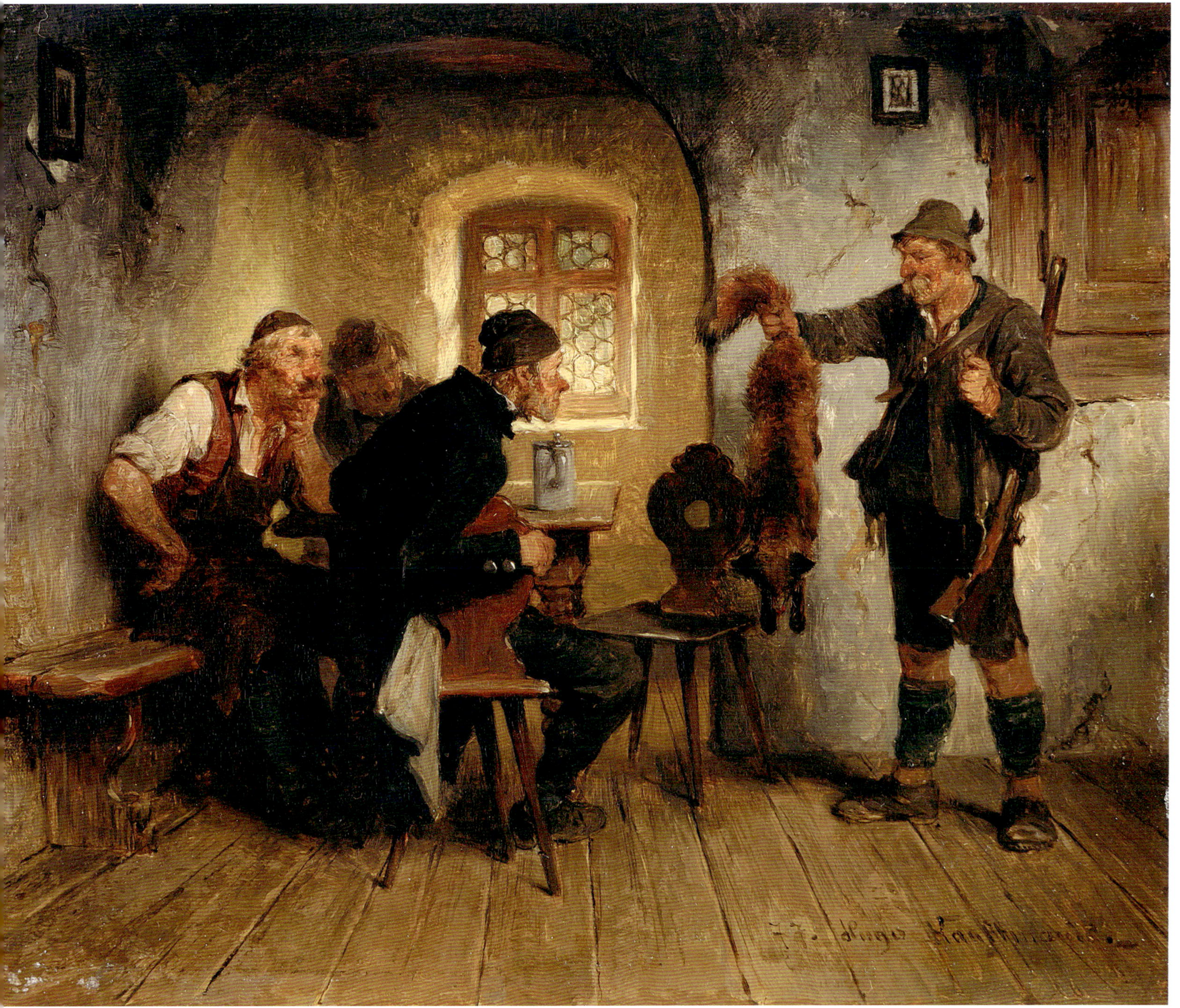

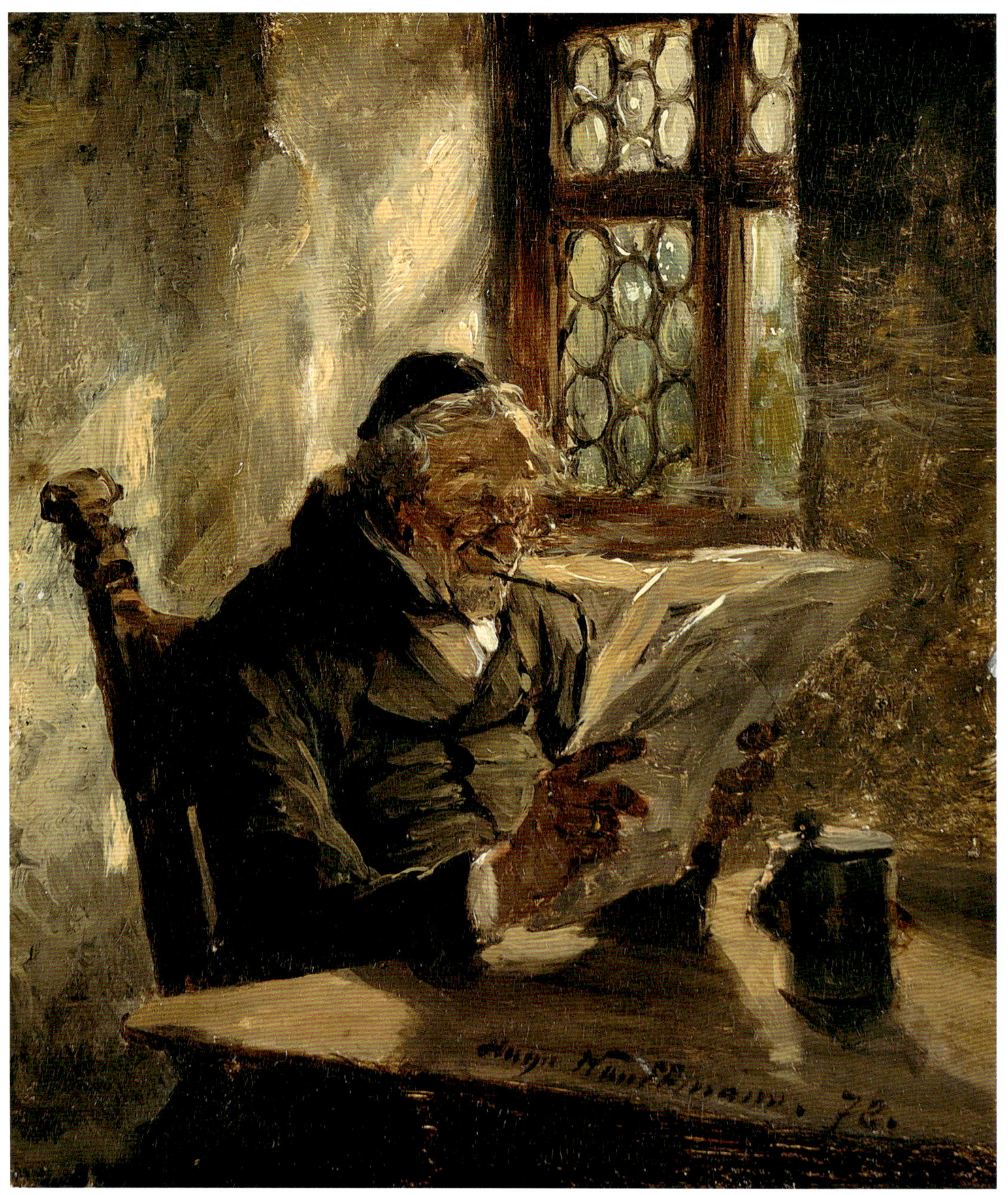

Kat. 52 Hugo Kauffmann, Der Zeitungsleser, 1878, Öl auf Holz, 12 x 10 cm, Kunstsammlung Markt Prien, Schenkung Abé

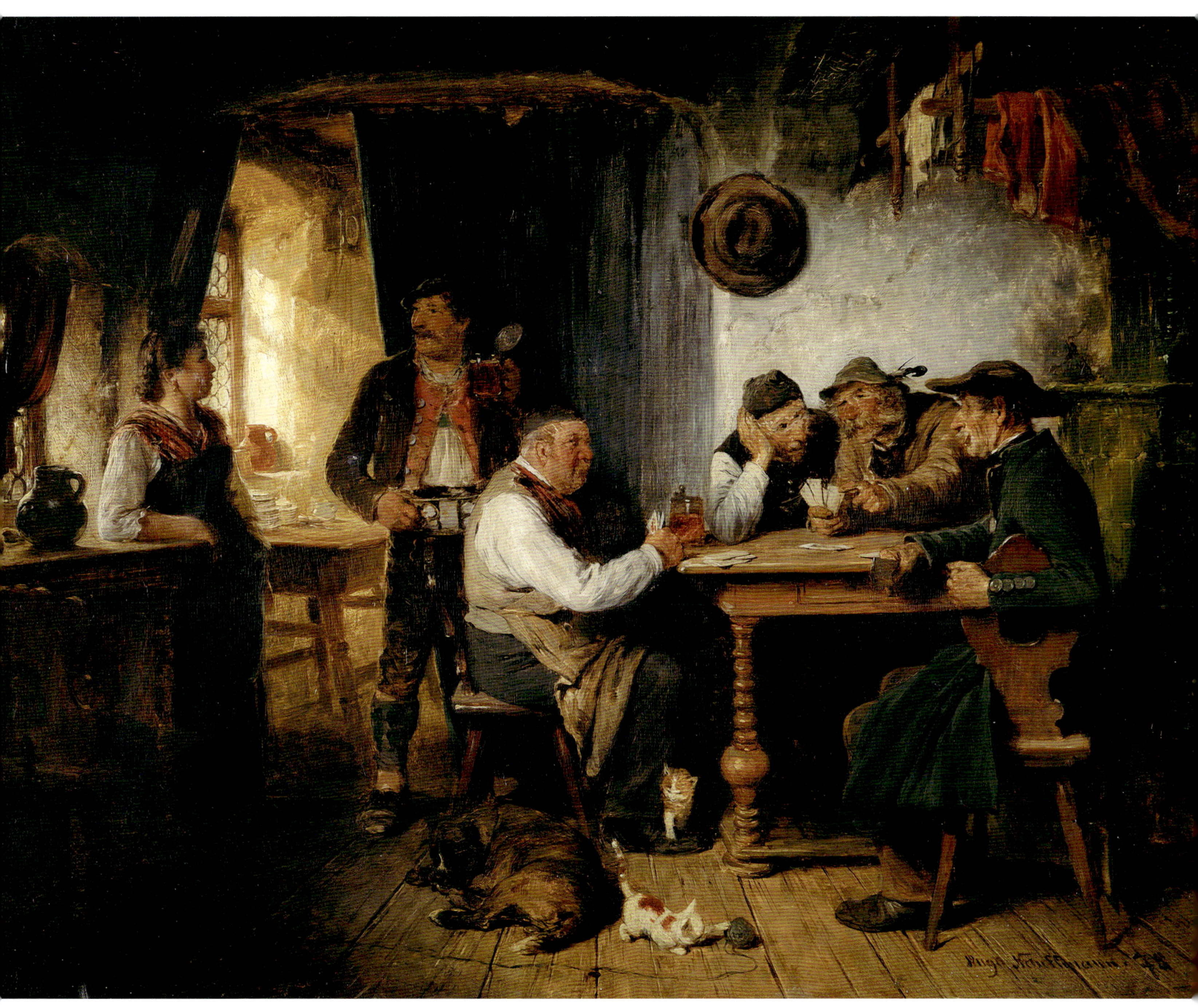

Kat. 53 Hugo Kauffmann, Kartenspieler, 1878, Öl auf Holz, 37 x 46 cm, Kunstsammlung Markt Prien, Schenkung Abé

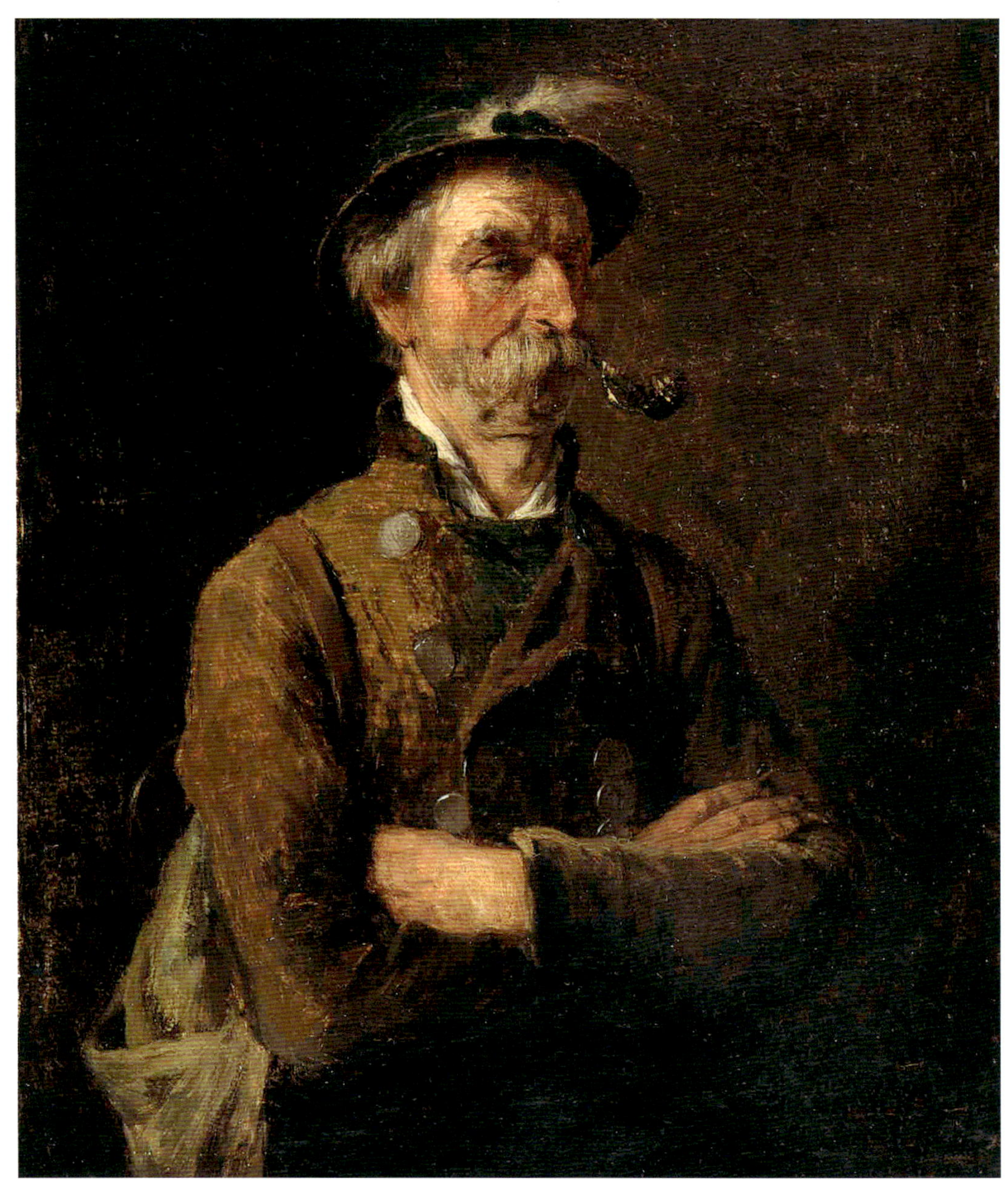

Kat. 54 Hugo Kauffmann, Alter Wildschütz, 1879, Öl auf Holz, 17,5 x 14,5 cm, Kunstsammlung Markt Prien, Schenkung Abé

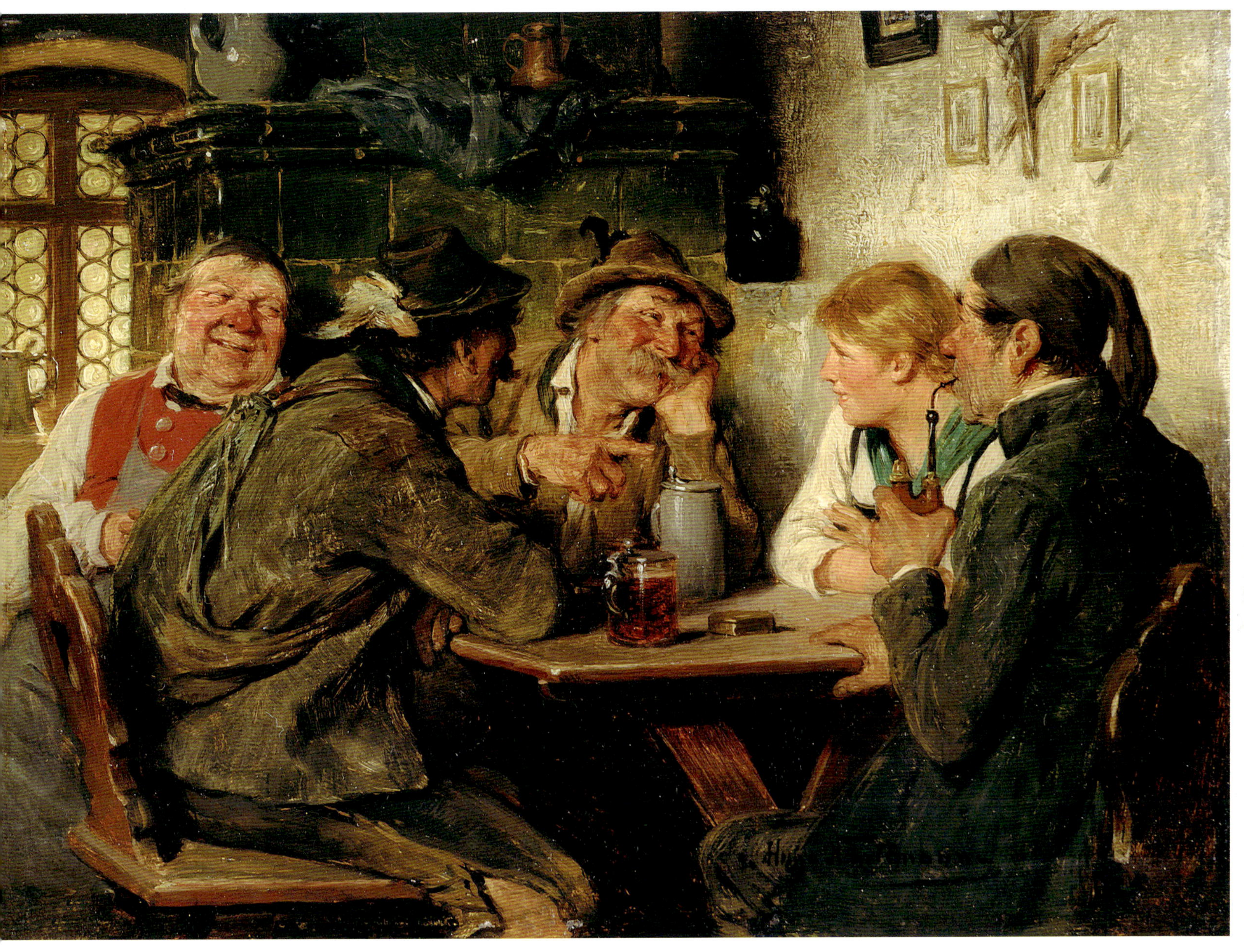

Kat. 55 Hugo Kauffmann, Disputation, 1880, Öl auf Holz, 16 x 21 cm, Kunstsammlung Markt Prien, Schenkung Abé

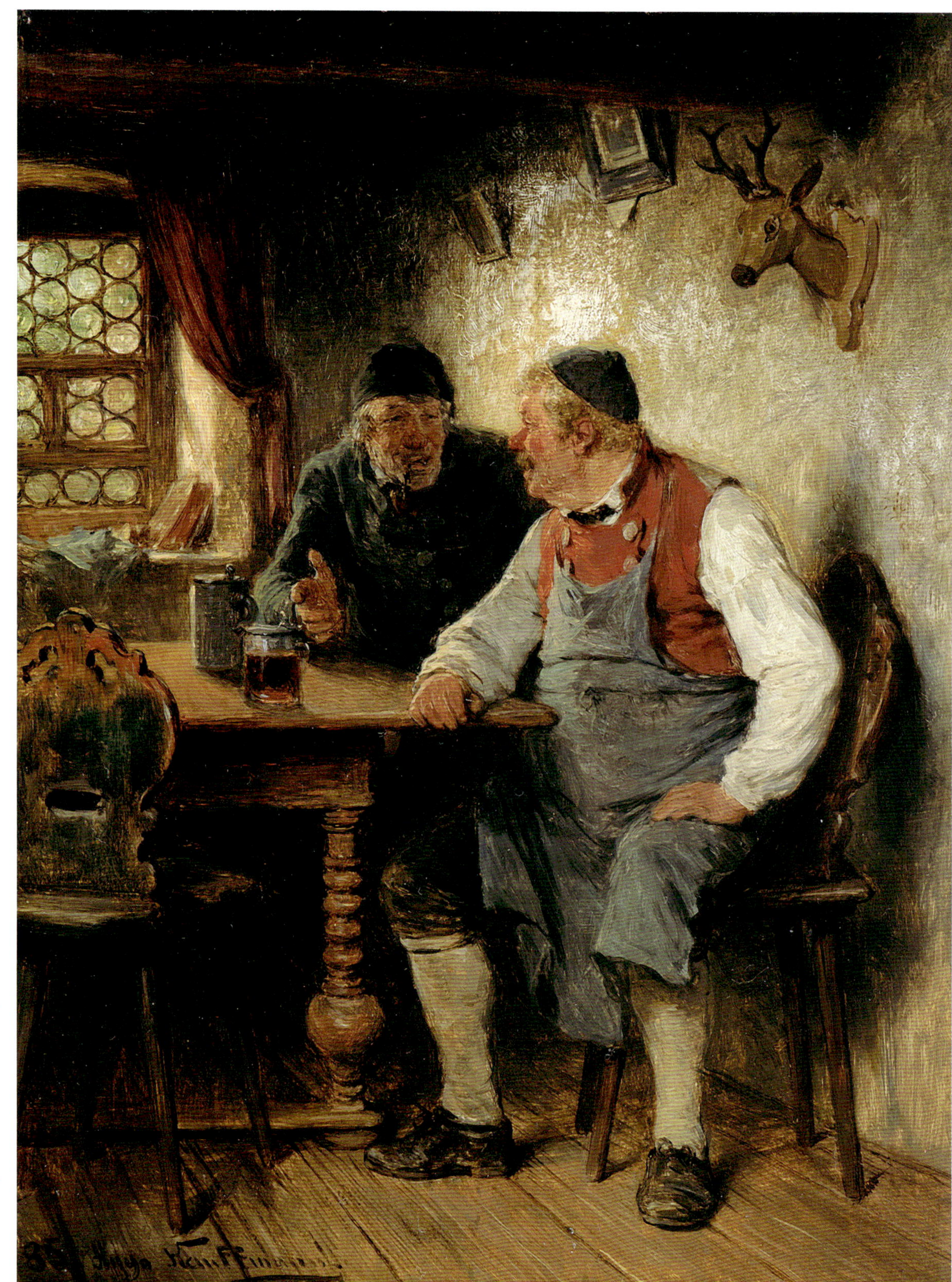

Kat. 56 Hugo Kauffmann, Bauer und Wirt, 1885, Öl auf Holz, 20,5 x 15 cm, Kunstsammlung Markt Prien, Schenkung Abé

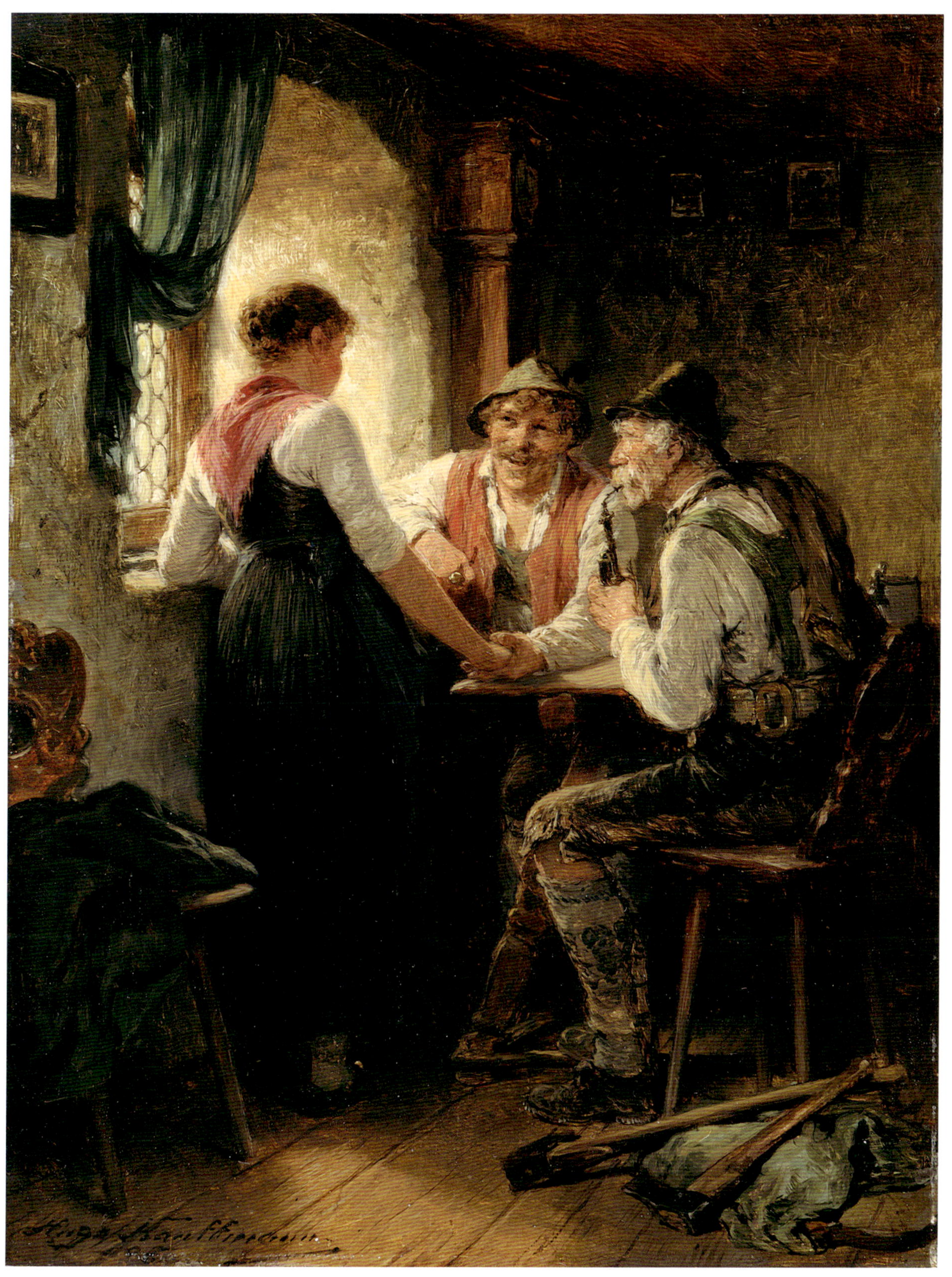

Kat. 57 Hugo Kauffmann, Holzknechte und Mädl, 1885, Öl auf Holz, 21 x 16 cm, Kunstsammlung Markt Prien, Schenkung Abé

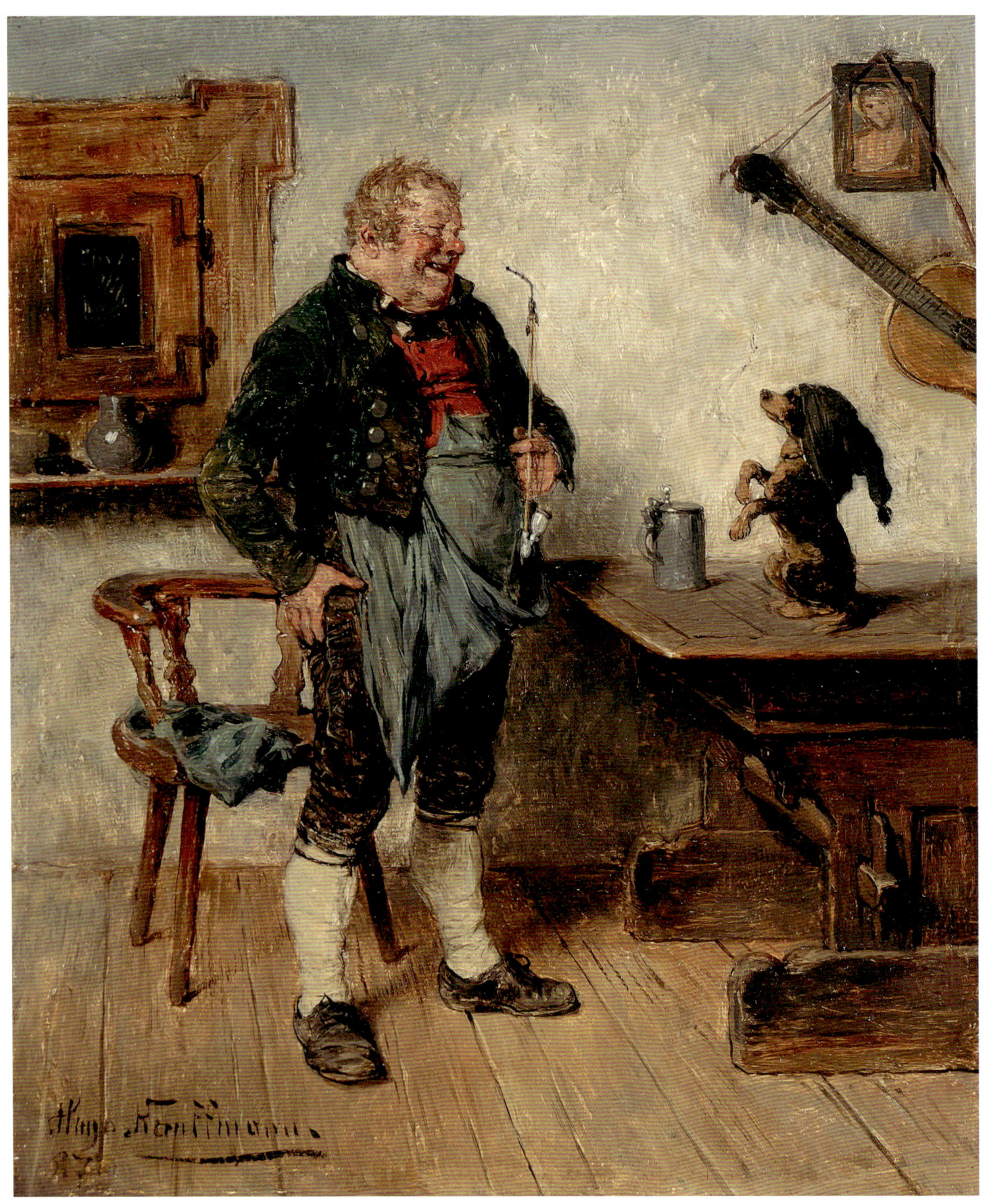

Kat. 58 Hugo Kauffmann, Wirt und Hund, 1887, Öl auf Holz, 14,9 x 12 cm, Kunstsammlung Markt Prien, Schenkung Abé

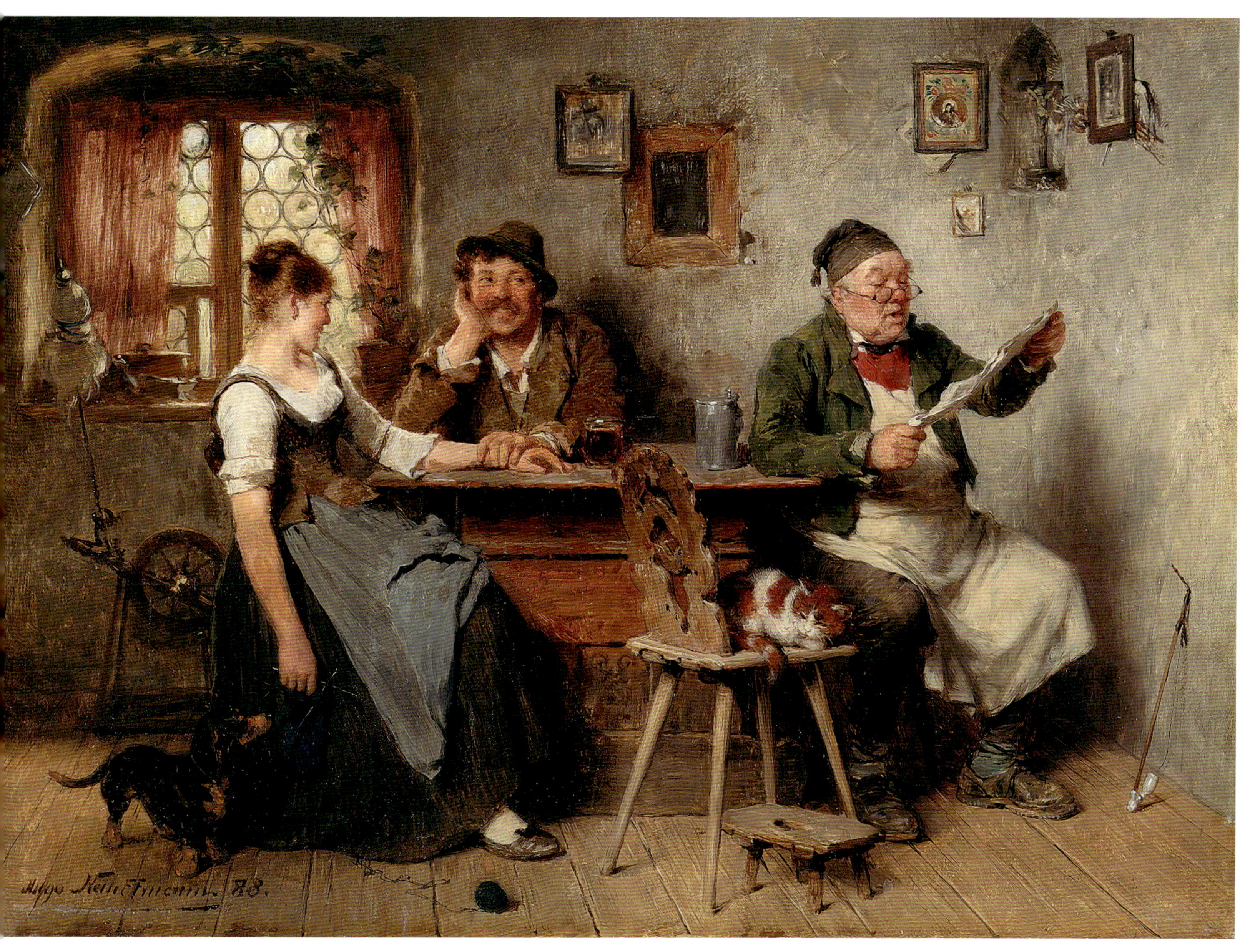

Kat. 59 Hugo Kauffmann, Verliebt, 1888, Öl auf Holz, 18 x 24 cm, Kunstsammlung Markt Prien, Schenkung Abé

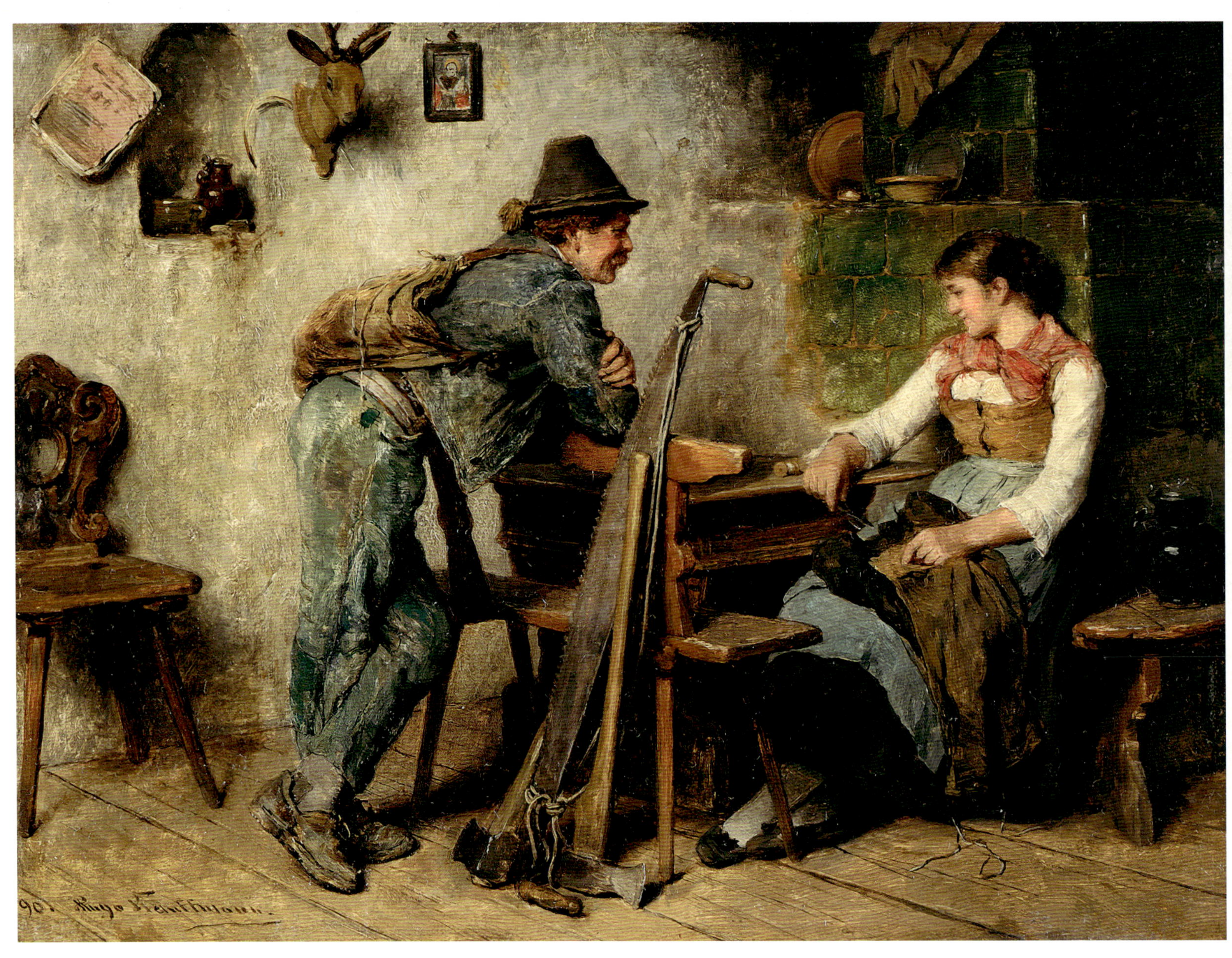

Kat. 60 Hugo Kauffmann, Anbandeln, 1890, Öl auf Holz, 16,5 x 22 cm, Kunstsammlung Markt Prien, Schenkung Abé

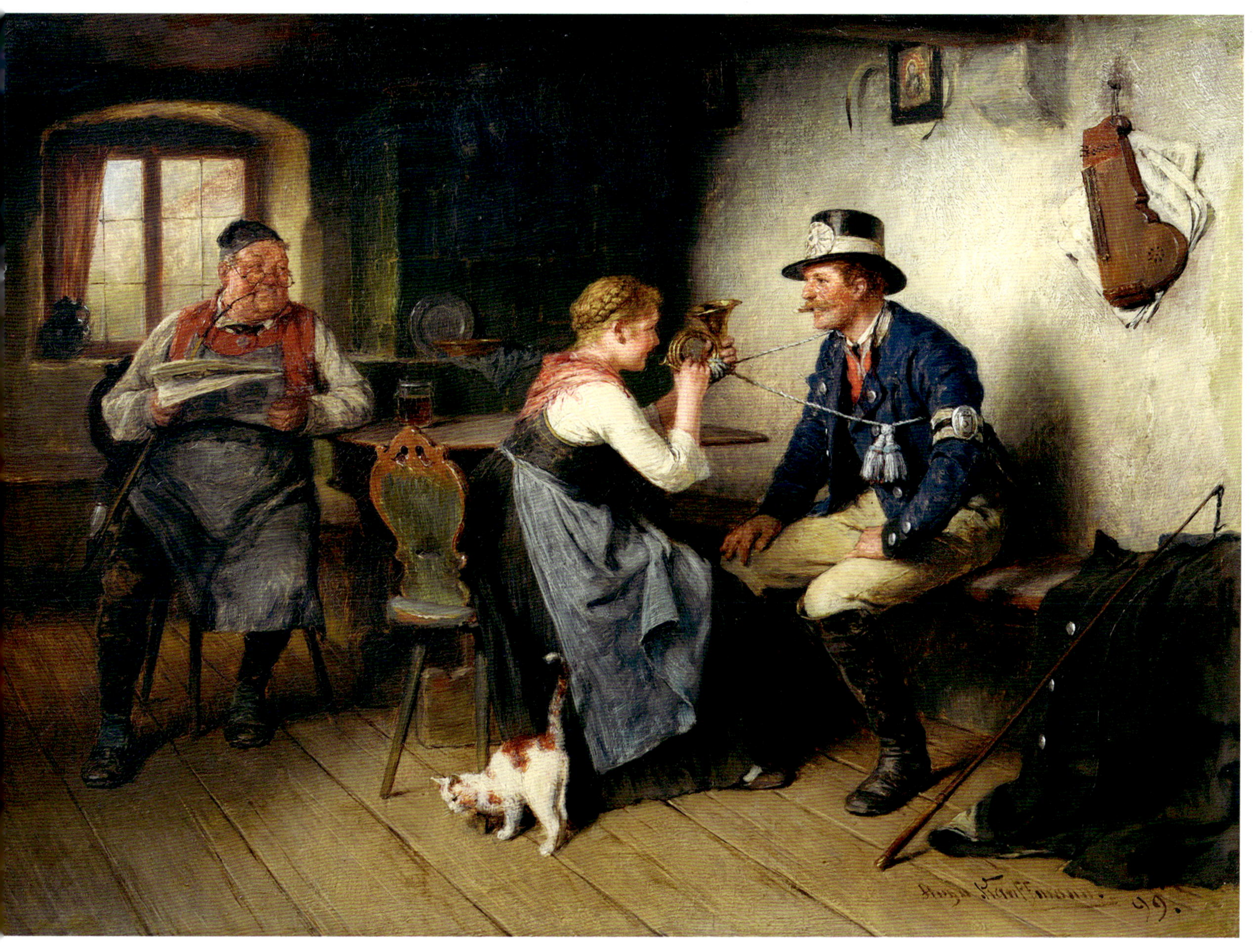

Kat. 61 Hugo Kauffmann, Wirt, Postillon und Mädl (Ein Versuch), 1899, Öl auf Holz, 18 x 15 cm, Kunstsammlung Markt Prien, Schenkung Abé

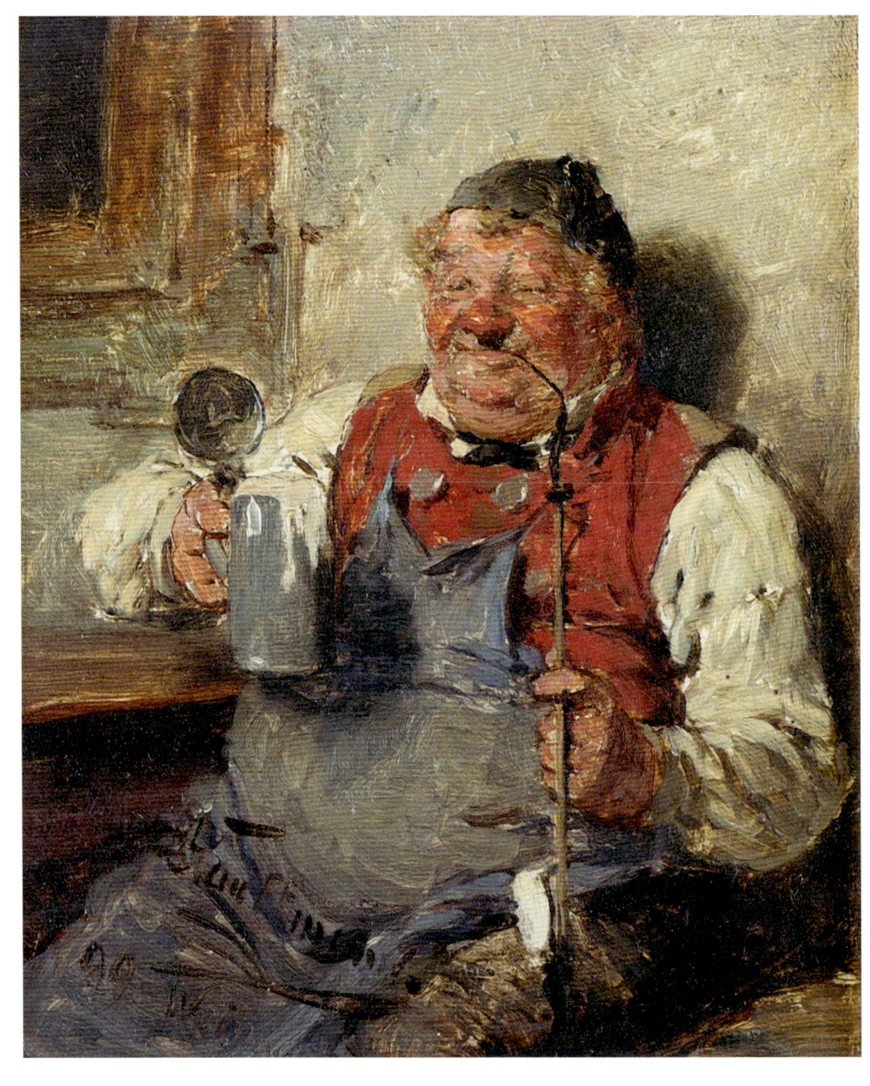

Kat. 62 Hugo Kauffmann, Biertrinker (Gut Bier), 1899, Öl auf Holz, 10,5 x 8,8 cm, Stiftung Kronberger Malerkolonie

Kat. 63 Hugo Kauffmann, Die überraschte Sennerin, 1903, Öl auf Holz, 16,8 x 12,8 cm, Kunstsammlung Markt Prien, Schenkung Abé

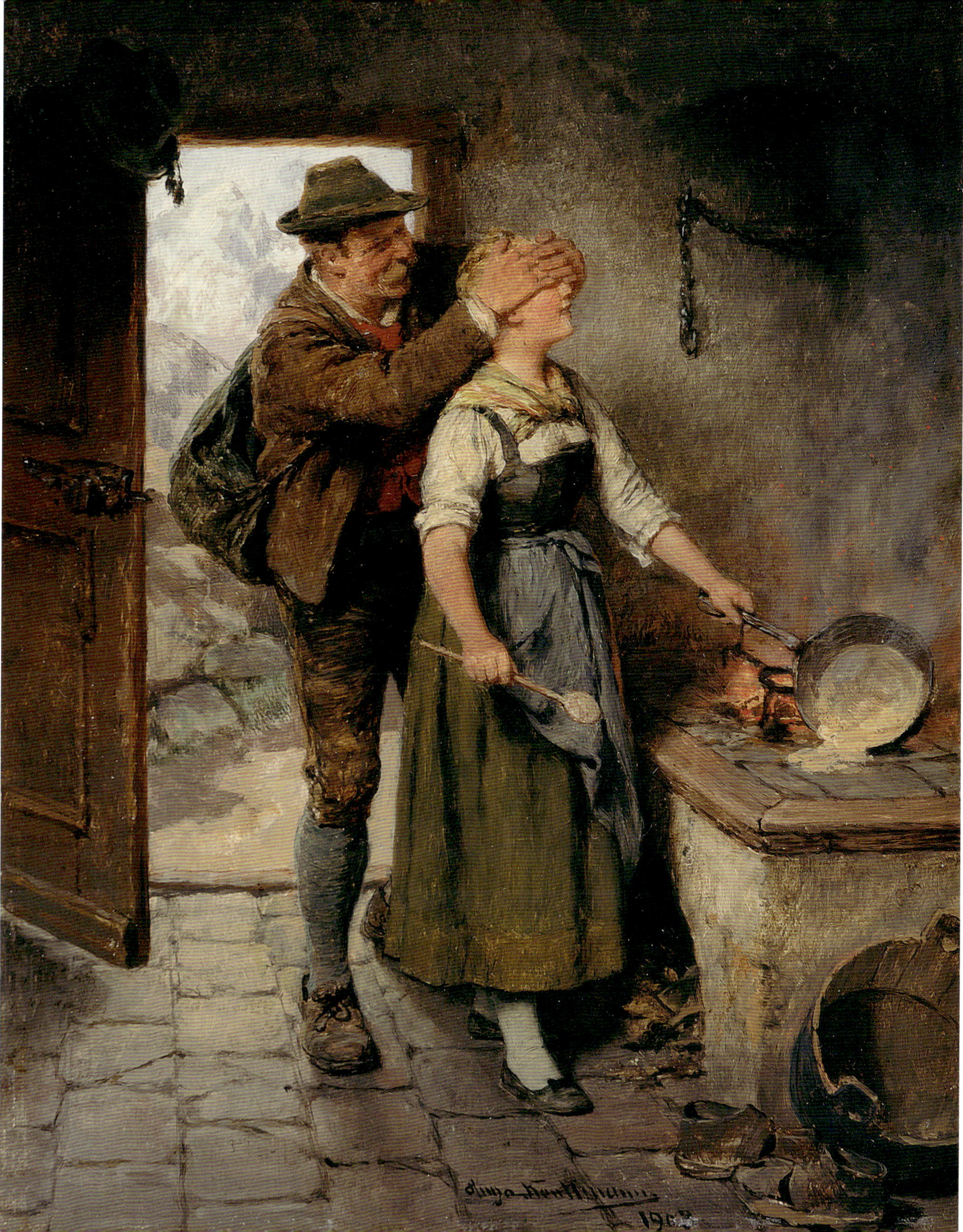

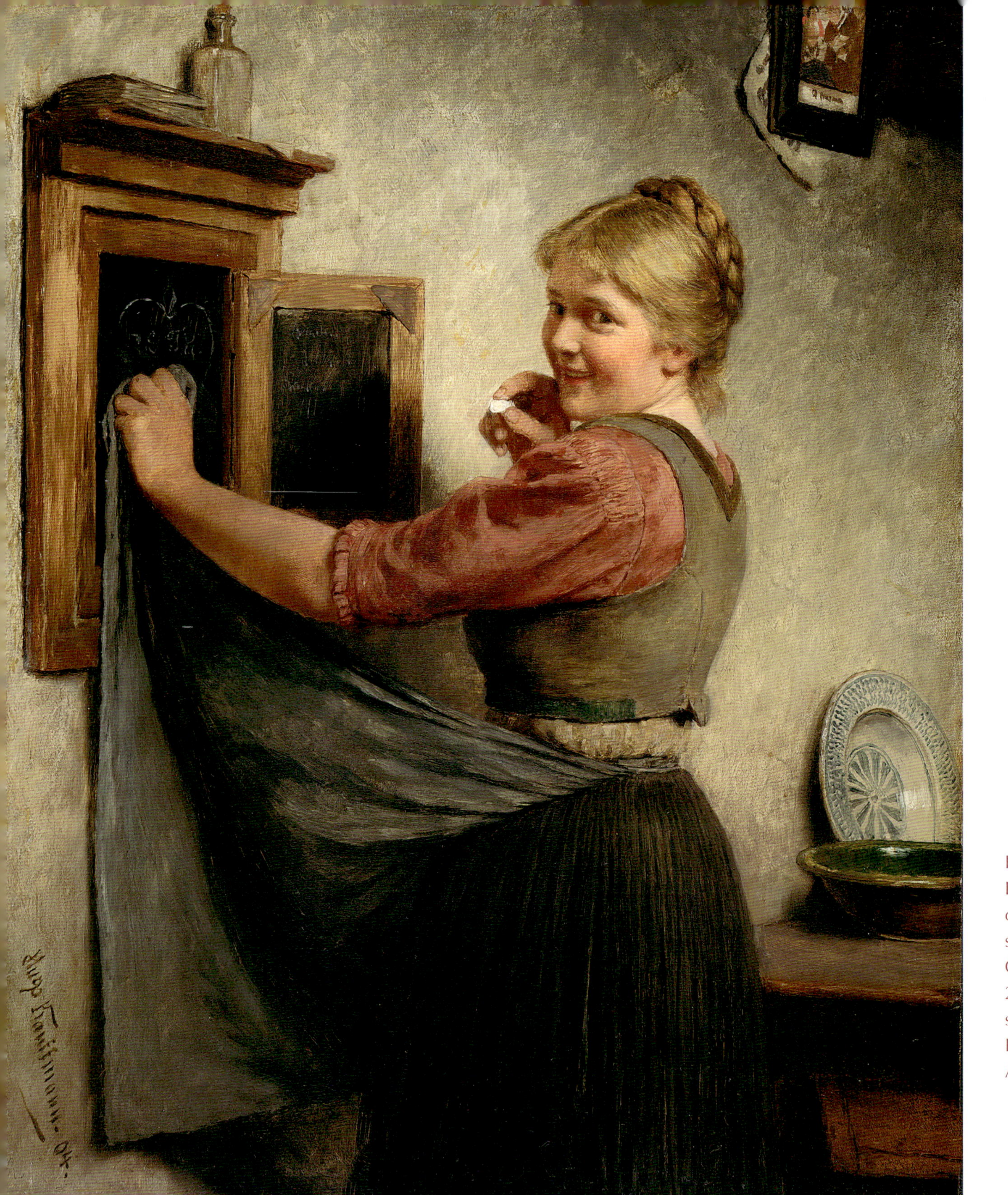

Kat. 64 Hugo Kauffmann, Mädchen an der Anschreibtafel, 1904, Öl auf Holz, 27 x 21 cm, Kunstsammlung Markt Prien, Schenkung Abé

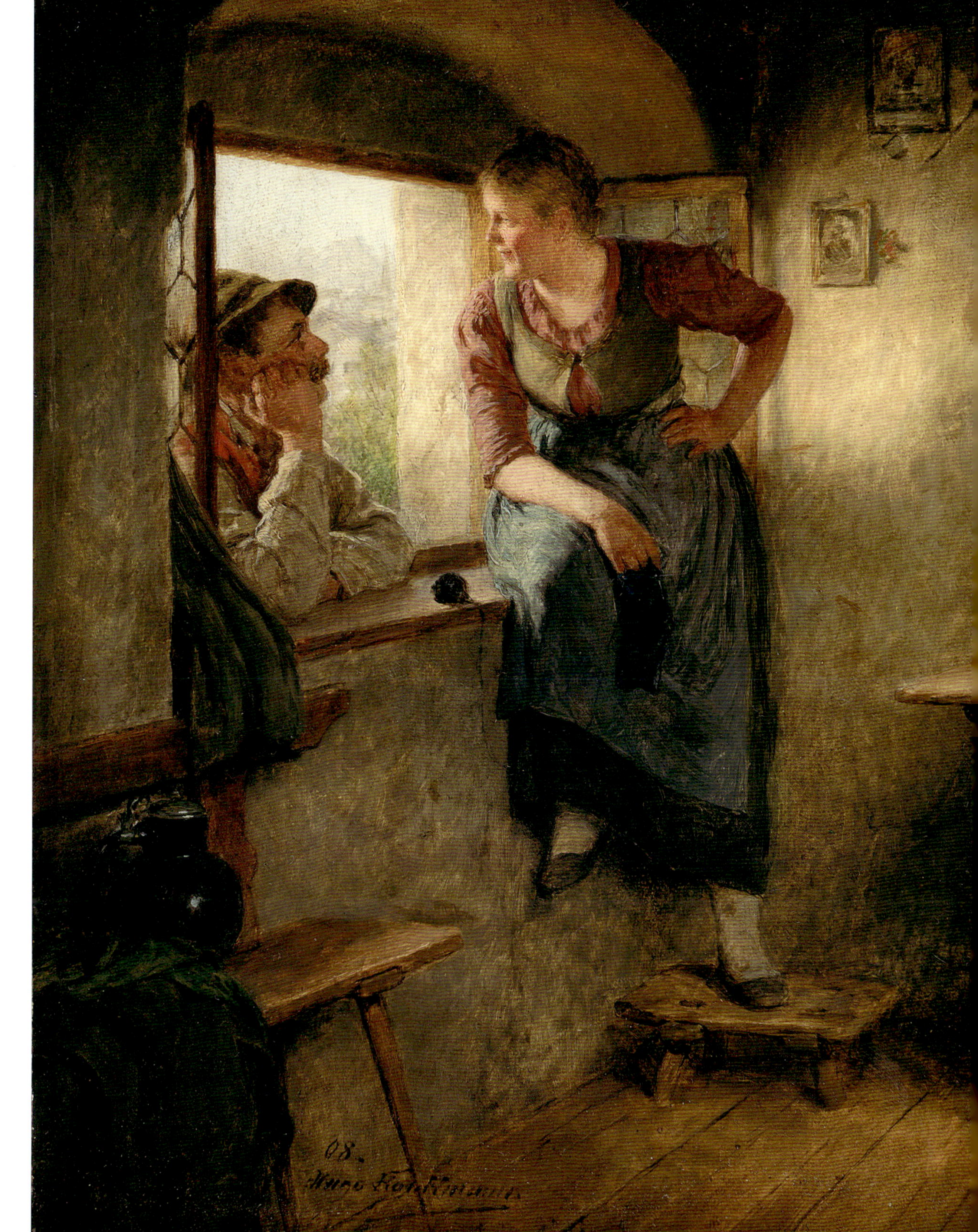

Kat. 65 Hugo Kauffmann, Fensterln, 1908, Öl auf Holz, 25 x 18,5 cm, Kunstsammlung Markt Prien, Schenkung Abé

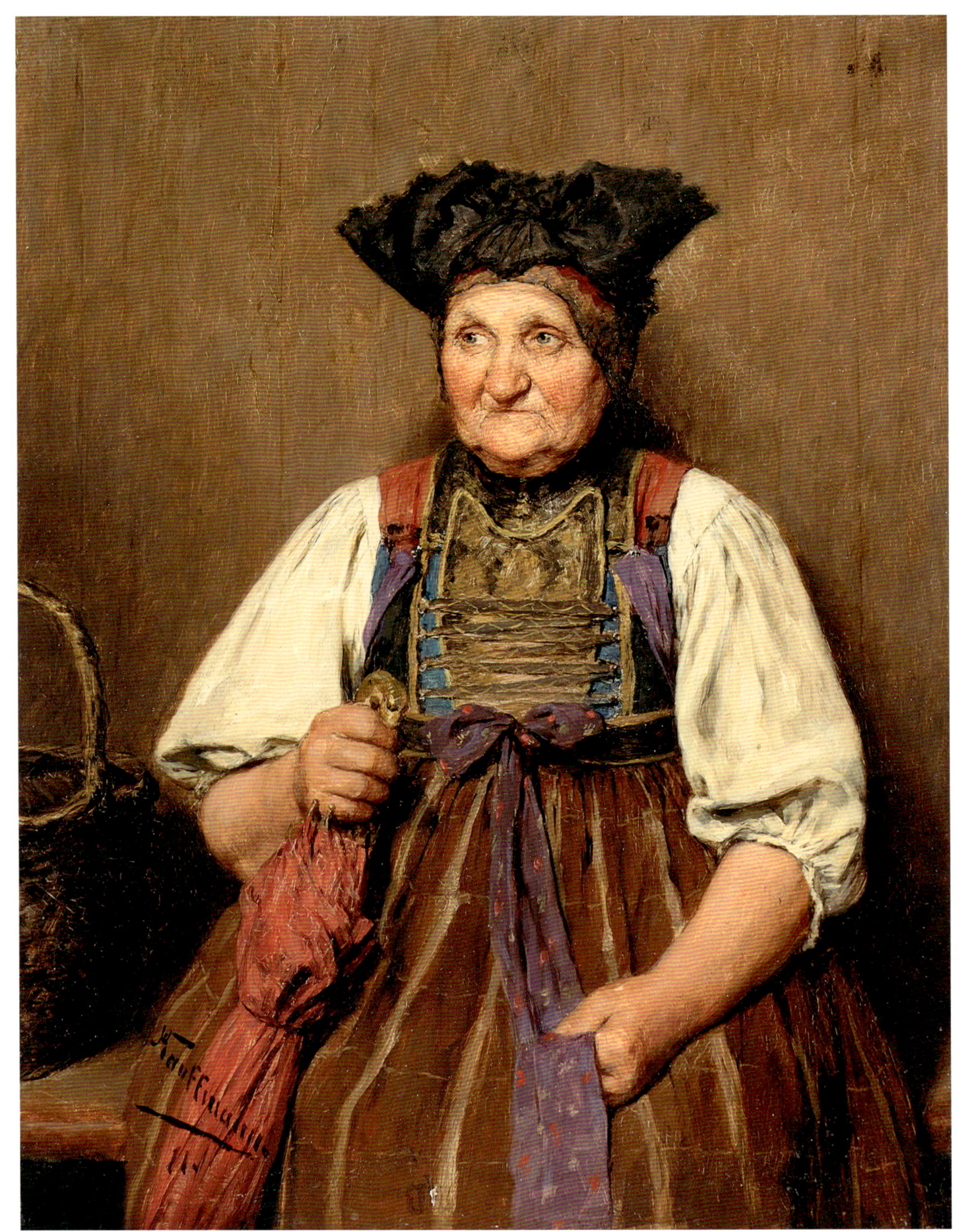

Kat. 66 Hugo Kauffmann, Die alte Dachauerin, 1911, Öl auf Holz, 25 x 19 cm, Kunstsammlung Markt Prien, Schenkung Abé

BIBLIOGRAPHIE

Aigner 1995
Fritz Aigner: Maler am Chiemsee, Prien am Chiemsee 1995.

Bomhard, von 1958
Adolf von Bomhard: Prien am Chiemsee Ein Heimatbuch, Prien 1958.

Busch 1884
Wilhelm Busch: Maler Klecksel, München 1884.

Dibbern 1974
Alfred Lichtwark: Frankfurter Kunst und Leben um die Jahrhundertwende. Aus den Briefen von Alfred Lichtwark. Ausgewählt, kommentiert und mit einem Nachwort versehen von Margit Dibbern, Frankfurt 1974.

Eichler 1988.1
Inge Eichler, „Wege und Umwege von Frankfurt nach Kronberg", in: Kat Kronberg 1988, S. 13–61.

Eichler 1988.2
Inge Eichler: Anton Burger und die Jagd, in: Kat. Kronberg 1988, S. 121–149.

Franck 1920
Philipp Franck: Vom Taunus zum Wannsee, Braunschweig 1920.

Frommator 2013
Anja Frommator: Anton Burger. Mit Werkverzeichnis, Diss. J. Gutenberg-Universität Mainz 2013.

Gaehtgens 2002
Barbara Gaehtgens (Hrsg.): Genremalerei, Berlin 2002.

Hager 1923
Franziska Hager: Der Dorfschullehrer, München 1923.

Hager 1988
Franziska Hager: Schulmeisterkinder. Jugenderinnerungen aus dem Chiemgau, Rosenheim 1988.

Harms 1988
Inge Harms: Anton Burger, in: Kat. Kronberg 1988, S. 62–90.

Haushofer 1885
Karl Haushofer: Sommerfrischen Münchner Künstler, Frauenchiemsee, in: Die Kunst für alle, Heft 1, 1885, https://doi.org/10.11588/diglit.9416#0017

Heimatbuch 2014
Heimatbuch Prien am Chiemsee, 3 Bände, Prien 2014.

Heyn 1988
Hans Heyn (Hrsg.): Lesebuch aus der Provinz Chiemgau, Rosenheim 1988.

Hohm 2024
Andreas Hohm: Louis Kohlbacher – Ein Leben für die Kunst Georg Ludwig Kohlbacher (1826–1894), unveröffentlichtes Typoskript, Oettingen 2024.

Holz 1984
Irmgard Holz: Hugo Kauffmann, Werkverzeichnis der Gemälde, Berlin 1984.

Kat. Dachau 2021
Ingrid Ehrhardt/Elisabeth Boser: Natur und Idylle, Die Künstlerkolonie Kronberg, Dachau 2021.

Kat. Frankfurt 2004
Anton Burger. Ausst.-Kat. Haus Giersch, Frankfurt 2004.

Kat. Frauenchiemsee 1998
Franz Gailer, Der Chiemsee – ein Malerparadies, Frauenchiemsee 1998.

Kat. Kronberg 1988
Anton Burger 1824–1905, hrsg. von der Museumsgesellschaft Kronberg e.V., Frankfurt 1988.

Kat. München 1916
Hugo Helbing: Ölgemälde Moderner Meister, München 1916.

Kat. Prien am Chiemsee 2021
Ingrid Fricke/ Ute Gladigau: Glanzvoll Die Kunst der Prinzregentenzeit am Chiemsee 2021.

Kauffmann 1900
Hugo Kauffmann: Prien Sommersitz Hugo Kauffmann, Prien 1900.

Klötzer 1985
Wolfgang Klötzer: „Wahrlich eine schöne und lebendige Stadt…“ Kleine Schriften zur Frankfurter Kulturgeschichte, hrsg. von Otto Rudolf Kissel/Dieter Rebentisch/Hans-Otto Schembs, Frankfurt 1985.

Lichtwark 1893
Alfred Lichtwark: Hermann Kauffmann und die Kunst in Hamburg, Hamburg 1893.

Memmel 2013
Matthias Memmel: Deutsche Genremalerei des 19. Jahrhunderts: Wirklichkeit im poetischen Realismus, München 2013.

Mosebach 2013
Charlotte Mosebach: Geschichte der Münchner Künstlergenossenschaft, München 2013.

Negendanck 2008
Ruth Negendanck: Künstlerlandschaft Chiemsee, Fischerhude 2008.

Pecht 1888
Friedrich Pecht: Geschichte der Münchner Kunst im Neunzehnten Jahrhundert, München 1888.

Pecht 1894
Friedrich Pecht: Feuilleton, Münchner Kunst, in: Allgemeine Zeitung 27.2.1894, 2. Morgenblatt, Nr. 57, S. 5.

Pflugmacher 2001
Birgit Pflugmacher: Max Liebermann-sein Briefwechsel mit Alfred Lichtwark, Hamburg 2001.

Raupp/Wolter 1924
Karl Raupp, Franz Wolter (Hrsg.): Die Künstlerchronik von Frauenchiemsee, München 1924.

Schlagintweit 1945
Felix Schlagintweit: Ein verliebtes Leben, München 1945.

Schrödl 1922
Norbert Schrödl: Ein Künstlerleben im Sonnenschein, Frankfurt 1922.

Spier 1894
Anna Spier: Anton Burger, Album, München 1894.

Titeux 2010
Gilbert Titeux: Zu Courbets Jagdbildern, in: Courbet – ein Traum von der Moderne, Kat. Schirn Kunsthalle Frankfurt, Ostfildern 2010, S. 70–75.

Weigand/Zedler/Schuller 2013
Katharina Weigand, Jörg Zedler, Florian Schuller (Hrsg.): Die Prinzregentenzeit, Regensburg 2013.

Weizsäcker 1897
Heinrich Weizsäcker: Frankfurter Kunst, in: PAN, 3. Jg. Heft 4, 1897, S. 239–244.

Weizsäcker/Dessoff 1907/09
Heinrich Weizsäcker/Albert Dessoff: Kunst und Künstler in Frankfurt am Main im neunzehnten Jahrhundert, hrsg. V. Frankfurter Kunstverein, 2 Bde., Frankfurt am Main 1907/09.

Wiederspahn/Bode 1982
August Wiederspahn/Helmut Bode: Die Kronberger Malerkolonie. Ein Beitrag zur Frankfurter Kunstgeschichte des 19. Jahrhunderts, 3. Aufl. Frankfurt am Main 1982.